識字High客：
我的識字寫字遊戲書

孟瑛如、張淑蘋、鍾曉芬、陳虹君　著

這是＿＿＿＿＿＿＿＿＿＿＿＿＿＿＿＿＿＿＿的遊戲書

我從＿＿＿年＿＿＿月＿＿＿日開始使用這本書

作者簡介

孟瑛如
學歷：美國匹茲堡大學教育輔導碩士
　　　美國匹茲堡大學特殊教育博士
現職：國立清華大學特殊教育學系教授
專長：學習障礙、情緒行為障礙

張淑蘋
學歷：國立新竹教育大學特殊教育研究所碩士
現職：桃園市瑞塘國小資源教師

鍾曉芬
學歷：國立台東大學特殊教育學碩士
現職：新竹縣中山國小資源教師兼輔導主任

陳虹君
學歷：國立新竹教育大學特殊教育研究所碩士
現職：新竹市陽光國小資源教師

目次

一、識字學習地圖

　　識字是進入知識大門的鑰匙，識字的意義在於對字彙的視覺、聽覺與理解三方面共同達到明白的水準，即見到了字形，可以讀出字音，也可以了解該字的意義。教育部「十二年國教課程綱要」的本國語文有關識字的能力指標中，歸納出主要的指標有：(1)認識常用字；(2)能概略了解筆畫、偏旁變化及結構原理；(3)能運用字辭典、成語辭典等，擴充詞彙，分辨詞義。因此，教師在識字教學的目標上，是要讓學習者能夠認識一個國字對應的形、音、義，並徹底了解，再加上組字規則和上下文分析，最後能夠發展出理解所閱讀的文章、運用文字寫作的能力。

　　根據識字的定義，筆者將識字學習所需學習到的能力及教材，設計成「識字學習地圖」（如下圖），讓教學者與學習者對於識字教學與學習能有分層及全盤的了解。筆者也依據識字學習地圖中所呈現的識字表現，設計各項識字教材、作業單及桌上遊戲的教學活動，讓學習者能夠在各項活動中學習識字及檢視學習成果。

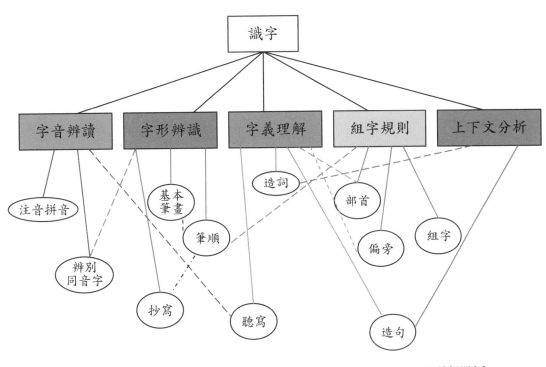

二、遊戲書的內容說明

　　本遊戲書的內容分為：（1）認識字典；（2）中國文字的演變；（3）我是寫字高手；（4）認識部首；（5）集中識字。桌上遊戲的內容分為：（1）識字 High 客（基礎版和進階版）；（2）蟲蟲危機；（3）文字小廚師。教材與桌遊之內容及建議搭配如下。

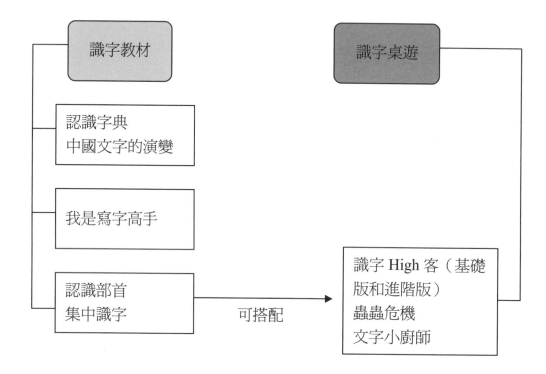

三、遊戲書的內容介紹

（一）認識字典

1. 教學目標：「工欲善其事，必先利其器」，學習識字當然要先學習使用工具書：國語字典。在「十二年國教國語文課程綱要」國語文領域中的能力指標便指出：「4-I-3 學習查字典的方法」、「4-II-3 會利用書面或數位方式查字辭典，並能利用字辭典，分辨字詞義」、「4-III-3 運用字辭典、成語辭典等，擴充詞彙，分辨詞義」。

2. 課程設計：

   （1）介紹教材引導人物：小方方。

   （2）介紹國語字典的功能。

   （3）說明「部首索引」頁。

   （4）查部首練習。

   （5）介紹「部首查字法」的步驟、練習使用字典查字。

   ①先分辨、找出生字的部首。（部首、偏旁）

   ②計算部首筆畫數後，查出該部首頁碼。（基本筆畫）

   ③計算部首以外的生字筆畫，依筆畫數，即可查到生字的字音、字義及辭語或成語。

   （拼音、造詞、造句）

3. 準備用具：「認識字典」教材、國語字典一本。

4. 教學大補帖：對兒童而言，在查生字的過程中，可以充分習得字的形、音、義及字詞，加深兒童對生字的印象，幫助記憶，亦是一種很好的識字學習策略，其優點如下：

   （1）部首查字法得先找出生字的部首，從這個過程中，可以讓兒童練習分辨部首，亦可從部首了解生字的基本意義，例如：木部的「松、柏、李、材」都和「木」有關係。

   （2）第二步驟需計算生字以外的筆畫數，兒童可藉此練習書寫生字的正確筆順及筆畫，加深對字型之印象，亦可了解字形結構、偏旁、字形組合及部首的位置。

   （3）第三步驟是在搜尋生字的過程中，需要從多個相同部首、同筆畫的單字中，找到要找的生字，兒童必定要先對整個生字的字形有充分的認知，才能在密密麻麻「都是字」的字典中，找到該生字。這同時也是視知覺訓練的一種方式，以提高兒童對生字的辨識靈敏度。

   （4）查得生字之後，除了查得字音、字義之外，字典中還會列出該生字之詞語（如解釋、破音字、造句）或成語，兒童可從中習得造詞、造句、詞義及運用方式。

   　　教師在識字教學過程中，若能依上述特性引導兒童學習，可逐漸建立其學習策略及習得工具書的運用，兒童即可充分運用隨身小老師（字典），自我學習、探索知識。

（二）中國文字的演變

1.教學目標：運用簡易六書原則，輔助認字、理解字義。介紹中國文字之造字和用字的六種法則：象形、指事、會意、形聲、轉注、假借。

2.課程設計：

（1）教導閱讀「中國文字的演變」。

（2）故事內容：結繩記事、倉頡造字、六書介紹。

（3）學習活動：中國文字的故事多媒體──六書測驗。教師亦可自行出題。

3.準備用具：「中國文字的演變」教材、PPT。

4.教學大補帖：在語文教學時，運用國字形音義相繫的特點，輔以六書原理來分析講解字形、字音、字義，恰好符合多元智能中的語言智能（敘述式）、視覺空間智能（意象、圖像）、邏輯－數學智能（推理）等方式來學習，相信必可提升兒童學習的興趣與效率。因此，我們可以運用漫畫解說的形式，以故事敘述的口吻，讓兒童能初步了解六書的意義，此處的教學只是讓其能夠了解文字產生的過程，並對學習識字引起學習動機，以方便教師日後識字教學的指導與字詞的解釋，並不強調一定要記憶或背誦六書法則。

（三）我是寫字高手

1.教學目標：指導兒童了解寫字的動作及書寫筆畫、基本筆順的練習，讓其能透過教學，習得正確的書寫動作及筆順規則，增加辨認字形的能力。

2.課程設計：分成書寫姿勢、筆畫練習與筆順練習三部分。書寫姿勢是要指導兒童正確的書寫姿勢，以提高書寫的速度與正確度；筆畫與筆順的練習能讓兒童初步了解文字（部件）的組合結構，建立起識字的學習策略。

3.準備用具：「我是寫字高手」教材、鉛筆。

4.教學大補帖：學習筆畫與筆順規則的優點，可以讓兒童初步了解文字的基礎結構以及文字的組合規則，也就是部件的組合模式，之後教師在進行識字教學時，可以筆畫與筆順規則說明代替空書仿寫，讓其在學習書寫時也能同時識字，使教學達到事半功倍的效果。

5.桌遊活動：文字小廚師。

（四）認識部首

1.教學目標：認識常用部首字，並學習辨認相同部首的字。

2.課程設計：分為九個單元，依照識字學習順序編排，由部首到單字、閱讀，再到造詞、造句，循序漸進，以下即為常用部首教學之單元名稱介紹及內容說明。

（1）部首變身秀：介紹字的演變過程、原始含義、字的組合。

（2）文字捉迷藏：練習辨識文字中部首的位置，並訓練其視知覺及物型配置能力。

（3）文字組合：將部首與部件組合成字，讓其熟悉中文字的組字規則與方式，進而能分辨出真字、假字、非字。

（4）小小倉頡：讓我想一想：運用聯想法加深對字的了解與記憶，以塑造其對識字的記憶策略，啟發聯想力，提供多元的學習方式。

（5）猜字遊戲：增加學習的趣味性，領略中國文字之美。

（6）找「查」高手：練習運用字典，找出部首、筆畫、造詞，並練習寫字。

（7）文字迷宮：運用識字遊戲方式，訓練視覺搜尋能力與專注力。

（8）文字的故事：簡述相關文字的故事，提高學習興趣與閱讀能力。

（9）小試身手：運用生活化相關的語句，測驗兒童對詞語的了解與運用，以作為閱讀理解與寫作教學的初步練習。

3.準備用具：「認識部首」教材、鉛筆、彩虹筆、字典。

4.桌遊活動：識字 High 客（基礎版和進階版）、蟲蟲危機、文字小廚師。

5.教學大補帖：在平時的語文教學課程中，常用部首不但足以應付大部分生字的學習，教師在教學及教材編輯上也可以有效率的掌握重點。兒童在學習上，因常用部首是由常用字選取來的，不但可以增加識字量，亦可增進學習的成就感。

（五）集中識字

1.教學目標：運用結構化的教材及教學，讓兒童在短時間內大量識字，使他們能夠藉著接觸大量的文字，來熟悉所認識的字及熟練識字的能力。

2.課程設計：

（1）童詩花園：將相同部件的高頻常用字編入短韻文中，內容以生活化、具體化為原則，並搭配情境插圖，希望藉由朗讀過程，指導兒童正確分辨字音、字形及字義。

（2）配對連連看：練習將情境插圖與生字詞彙進行配對，利用具體化圖形的呈現，加深對字詞和字義的了解。

（3）文字捉迷藏：練習辨識文字中部件的位置，並了解每個生字的異同，同時訓練視動能力。

（4）文字組合：部首與部件組合成字，讓兒童熟悉中文字的組字規則與方式，同時能熟悉文字的字形和字音。

（5）找「查」高手（基本題和挑戰題）：練習運用字典，寫出注音、部首、筆畫、頁次及造詞，並增加挑戰題，讓能力佳的兒童可以進一步運用心智圖練習造詞和造句。

（6）愛現時間：考驗兒童對於生字的精熟度及書寫能力。

（7）自由聯想：鼓勵兒童進行字詞延伸的練習，以加深字詞的記憶能力。

（8）造句練習：練習運用字詞書寫造句，運用生活化相關的語句，測驗兒童對詞語的了解與運用，以作為閱讀理解與寫作教學的初步練習。

3.準備用具：「集中識字」教材、鉛筆、彩虹筆。

4.桌遊活動：識字 High 客（基礎版和進階版）、蟲蟲危機、文字小廚師。

5.教學大補帖：集中識字的教學編排程序是先安排獨體字基本筆畫、筆畫規則、常見部首、偏旁，前三項在前項的「認識部首」教學部分已融入其中，但由於集中識字的教學方式只是單純提升兒童識字量的快速增加，偏重於字形的歸類，一組字之間的意義或字音關聯性並不大，反而有可能會造成閱讀理解上的障礙，因此，本教材的集中識字教學部分，同樣採取以「偏旁」為主的集中識字教學，結合常用部首所組成的常用字，強調以部首作為基本字教學的優先考量。先初步了解字義，再做集中識字的教學，使兒童在短時間內，能夠有系統的學習識字，提供學習障礙學生另一種學習的方式與機會，在識字過程中，部件本身並非學習的重點。此外，為了克服一組字之間的意義或字音關聯性並不大的問題，筆者將同一組字編寫成短文童謠，讓兒童在學習時，能夠以朗讀來分辨字音、以閱讀來學習字義，並在文字拆解的過程中，利用學習障礙學生圖畫補充與物型配置的優勢能力，達到識字的目的，增強學習成效。

認ㄖㄣˋ識ㄕˋ字ㄗˋ典ㄉㄧㄢˇ

「方方」來了！

「方方」是誰呢？

他是一個國字精靈喔！

他的臉就是一張「國字臉」，

任何字都難不倒他。

大家好！我是方方，現在請跟我一起來學習有趣的中國文字吧！

隨身小老師 ── 字典

嗨！大家好！

大家準備好要和我一起學習國字了嗎？

別急！別急！讓我先介紹我的好朋友給大家認識。

他是我的隨身小老師 ──「字典」，我會認識那麼多的字，都是他的功勞喔！

小朋友！現在就請你也先準備好你的隨身小老師，我們再一起進入有趣的國字世界吧！

國語字典

部首大進擊

現在請翻開字典的第一頁，千萬不要被這麼多奇奇怪怪的字嚇到了，他們可是很有意思的喔！

（右）部首索引			（左）
一畫：乙、亅丨一一	二畫：口几冫宀冂八入儿人二亠冖 / 又厶厂卩卜十匸匚匕勹力	六畫：臣肉聿耳耒而老羽羊网缶糸米竹	
三畫：大夕夂士土口囗		七畫：言角見㐬西衣行血虫虍艸色艮身舛舌臼至自	
弋廾夂广幺干巾己工巛山屮尸尢小寸宀子女		八畫：長金 / 里釆酉邑走辰辛車身足走赤貝豸豆谷	
四畫：木月日曰无方斤斗文攴支手戶戈心 / 彳彐弓		九畫：香首食飛風頁音韭韋革面 / 非青雨隹隶阜門	
犬牛牙片爿爻父爪火水气氏毛比毋殳歹止欠		十畫：鬼鬲鬯鬥髟高骨馬 / 十一畫：麻麥鹿滷鳥魚 / 十二畫：黍黃	
五畫：示石矢矛皿皮白癶疒疋田用生甘瓦瓜玉玄		十三畫：黹黑 / 鼠鼓鼎黽 / 十四畫：齊鼻 / 十五畫：齒 / 十六畫：龍 / 十七畫：龜 / 龠	

他們是「部首」，每一個字都有部首，利用部首，就可以很容易從字典中查出我們要找的字。

例如：

口部的字有：品、只、古、另、可。

木部的字有：林、樹、校、村、楊。

文字捉迷藏（找找看）

請利用字典第一、二頁的「部首索引」找出部首及頁數。

例如：「口」部

1.先數一數「口」字的筆畫——→三畫。

2.在「三畫」的那一欄找到「口」字，

大	夕	夂	士	土	囗	口	三畫	又	ㄥ
094	092	092	091	081	077	056		054	053

弓	弋	廾	廴	广	幺	干	巾	己	工
148	143	143	142	137	136	135	131	130	129

「口」下面的數字 056，

表示口部的字是在第56頁。

現在翻開你的字典，看看

「口」字在第幾頁？

答案：第（　　　　）頁。

現在再翻開自己的字典試試看囉！

部首	口	手	水	木	心	人
筆畫	3					
頁數	56					
詞語	口才					

11

部首查字法

我們來試試，查「你」。

你

步驟 1： 翻 ：翻索引 ➡️ 翻開字典的「部首索引」頁。

步驟 2： 找 ：找部首 ➡️ 「你」是人部，「人」有二畫，在二畫找到「人」的頁碼。

步驟 3： 找 ：找頁數 ➡️ 翻到「人部」的頁數。

步驟 4： 數 ：數筆畫 ➡️ 數出部首以外的筆畫數 →「尔」有五畫。

步驟 5： 成 ：成功了 ➡️ 在「人部」五畫處找到「你」。

找部首比賽

日期：_____年_____月_____日

請翻開字典「部首索引」那一頁，以最快的速度找出部首的頁數。

部首	筆畫數	頁數	詞語
口			
心			
玉			
肉			
言			
金			
香			
馬			
魚			
黃			
鼠			
龍			

評量：□十分鐘內完成：一級棒！

□二十分鐘內完成：還不錯！

□二十分鐘以上完成：要多練習喔！

13

中國文字的演變

親_{くㄣ}愛_ㄞ的_{ㄉㄜ}小_{ㄒㄧㄠ}朋_{ㄆㄥ}友_{ㄧㄡ}！在_{ㄗㄞ}帶_{ㄉㄞ}領_{ㄌㄧㄥ}你_{ㄋㄧ}認_{ㄖㄣ}識_ㄕ中_{ㄓㄨㄥ}國_{ㄍㄨㄛ}文_{ㄨㄣ}字_ㄗ之_ㄓ前_{くㄢ}，方_{ㄈㄤ}方_{ㄈㄤ}要_{ㄧㄠ}先_{ㄒㄧㄢ}告_{ㄍㄠ}訴_{ㄙㄨ}你_{ㄋㄧ}們_{ㄇㄣ}有_{ㄧㄡ}關_{ㄍㄨㄢ}中_{ㄓㄨㄥ}國_{ㄍㄨㄛ}文_{ㄨㄣ}字_ㄗ的_{ㄉㄜ}故_{ㄍㄨ}事_ㄕ與_ㄩ由_{ㄧㄡ}來_{ㄌㄞ}！

在很久很久以前，文字都還沒有發明的時候，我們的老祖先，會利用打結的繩子來記事情。

比如說：為了記住「明天要到河邊取水」這件事，就在繩子上打一個結，做為記號，這就叫做「結繩記事」。

可是常常一覺醒來，雖然看見繩子上有一個結，卻想不起來到底要做什麼事？而且，有時候記的事情一多，也常常弄不清楚，造成許多困擾和麻煩。

這個結是要做什麼事的呀？

相傳在黃帝時代（黃帝是傳說中，中國人的祖先，他發明了指南車），

史官倉頡為了解決「結繩記事」所產生的問題，每天在沙地上塗塗寫寫。

有一天，倉頡又在地上亂畫的時候，突然看到地上留有野獸和鳥類的腳印。

咦！這個是什麼？

靈機一動，腦海中就浮現了很多字。

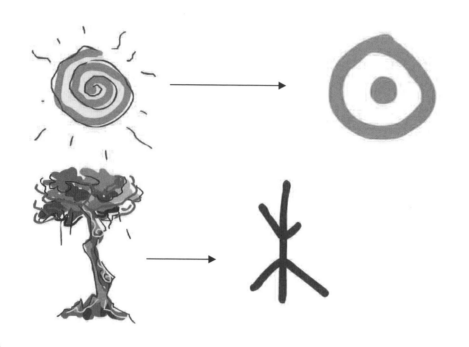

這就是中國文字最早的由來。

其(ㄑㄧˊ)實(ㄕˊ)，倉(ㄘㄤ)頡(ㄐㄧㄝˊ)並(ㄅㄧㄥˋ)不(ㄅㄨˋ)是(ㄕˋ)真(ㄓㄣ)正(ㄓㄥˋ)發(ㄈㄚ)明(ㄇㄧㄥˊ)文(ㄨㄣˊ)字(ㄗˋ)的(ㄉㄜ˙)人(ㄖㄣˊ)，這(ㄓㄜˋ)只(ㄓˇ)是(ㄕˋ)後(ㄏㄡˋ)人(ㄖㄣˊ)編(ㄅㄧㄢ)造(ㄗㄠˋ)出(ㄔㄨ)來(ㄌㄞˊ)的(ㄉㄜ˙)傳(ㄔㄨㄢˊ)說(ㄕㄨㄛ)，但(ㄉㄢˋ)是(ㄕˋ)可(ㄎㄜˇ)以(ㄧˇ)確(ㄑㄩㄝˋ)定(ㄉㄧㄥˋ)的(ㄉㄜ˙)是(ㄕˋ)：中(ㄓㄨㄥ)國(ㄍㄨㄛˊ)文(ㄨㄣˊ)字(ㄗˋ)的(ㄉㄜ˙)起(ㄑㄧˇ)源(ㄩㄢˊ)，是(ㄕˋ)由(ㄧㄡˊ)圖(ㄊㄨˊ)畫(ㄏㄨㄚˋ)轉(ㄓㄨㄢˇ)變(ㄅㄧㄢˋ)而(ㄦˊ)來(ㄌㄞˊ)的(ㄉㄜ˙)圖(ㄊㄨˊ)畫(ㄏㄨㄚˋ)文(ㄨㄣˊ)字(ㄗˋ)，也(ㄧㄝˇ)就(ㄐㄧㄡˋ)是(ㄕˋ)我(ㄨㄛˇ)們(ㄇㄣ˙)現(ㄒㄧㄢˋ)在(ㄗㄞˋ)所(ㄙㄨㄛˇ)稱(ㄔㄥ)的(ㄉㄜ˙)「象(ㄒㄧㄤˋ)形(ㄒㄧㄥˊ)文(ㄨㄣˊ)字(ㄗˋ)」。

聰明的小朋友，方方告訴你喔！中國文字也是現今世界上最老的文字呢！大概有四、五千歲了吧！

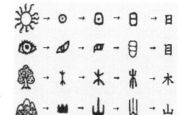

其他比中國文字還要早出現，也是象形文字的「古埃及文字」、蘇美人的「楔形文字」，現在都已經不再使用，也沒人認得了。所以，學習中國文字是不是一件很炫的事呀？

文字是要經過很長很長時間，一點一滴慢慢的發展出來。中國文字也經過漫長時間的演變和改良，最後歸納出造字的法則：「六書——象形、指事、會意、形聲、轉注、假借」。

東漢（大約距今一千多年以前）的時候，有一位名叫許慎的人，蒐集了當時的漢字，分析整理之後，創造了用部首歸類的方法，寫成說文解字一書。

這本書是後代研究中國文字的人一定要讀的一本書，裡面詳細記載中國文字的造字方法、文字構造、運用，以及本來的意思。

現在就由我方方來介紹一下部首和六書，請小朋友和我一起來上一堂有關「文字學」的課吧！

許慎根據漢字（中國文字又稱漢字）的字形結構及文字所代表的意義，取出相同的部分，將漢字做有系統的編排，這個相同的部分，就叫做部首。

部首

江、河、海、洋、洪、浪

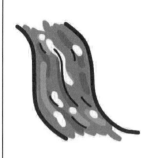

小朋友，請仔細看看上面的字，是不是有相同的部分？

你猜對了嗎？就是「氵」，也就是「水部」，所以這些字都是屬於水部，而且他們也都和水有關係，你說是不是很有趣呢？

六書

「六書」是文字發明之後，文字學家研究歸納出來中國文字的造字和用字規則。「六書」包含：象形、指事、會意、形聲、轉注、假借。現在讓我一一介紹給小朋友認識。

象形

象形字是依照物品的外表形狀，用簡單的筆畫創造出來的文字，也是最早出現的文字。

例如：「日」就是太陽「☀」，造字的人寫做「☉」，因為在看太陽時，裡面好像有黑影，所以在「○」上畫「●」表示黑影。

後來，為了書寫及辨認的方便，將「○」改成長方形，將「●」改成一橫，就演變成現在的「日」。

小朋友！想一想，在你知道的字中，有哪些字是象形字呢？

指事

指事的意思就是看到字就知道它代表的意思。

指事字的創造，是因為有許多事物沒有辦法用具體的物品畫出來，或者沒有具體的東西可以畫，所以只好用抽象的符號來表示了。

例如：「上」、「下」這兩個字因為找不到適合的具體東西來造字，所以用橫線「一」為界，橫線上以一點在上，指出上方的位置，寫成「⊤」，也就是「上」字；而一點在下寫成「⊥」，則是「下」字。

小朋友！想一想，在你知道的字中，有哪些字是指事字呢？

上 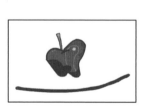   下

會意

會意字，就是把兩個或兩個以上的字合併成一個新的字，而且可以表示這個字的意義，有時小朋友看到會意字，能夠一猜就懂，十分有趣。

例如：「休」就是休息的意思。
想想看，如果你累了，是不是想要坐在樹蔭下乘涼休息？
因此，「人」和「木」就組成了
「休」這個字。

小朋友！想一想，在下面這些字中，你能猜出它的意義嗎？

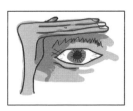
看

鳴

男

形聲

形聲字從名稱「形聲」兩字，就可以知道是由表示形狀的字（形符），和表示聲音的字（聲符）所組合成的字。所以，當我們看到沒學過的形聲字，只要認得「聲符」，就大概可以知道字的讀音了。

有邊念邊，

無邊念中間！

例ㄌㄧˋ如ㄖㄨˊ：「河」這ㄓㄜˋ個ㄍㄜˋ字ㄗˋ，是ㄕˋ由ㄧㄡˊ形ㄒㄧㄥˊ符ㄈㄨˊ「氵」和ㄏㄜˊ聲ㄕㄥ符ㄈㄨˊ「可」組ㄗㄨˇ合ㄏㄜˊ而ㄦˊ成ㄔㄥˊ的ㄉㄜ˙。

形ㄒㄧㄥˊ符ㄈㄨˊ「氵」表ㄅㄧㄠˇ示ㄕˋ河ㄏㄜˊ流ㄌㄧㄡˊ的ㄉㄜ˙形ㄒㄧㄥˊ狀ㄓㄨㄤˋ「」，聲ㄕㄥ符ㄈㄨˊ「可」表ㄅㄧㄠˇ示ㄕˋ河ㄏㄜˊ水ㄕㄨˇ流ㄌㄧㄡˊ動ㄉㄨㄥˋ時ㄕˊ發ㄈㄚ出ㄔㄨ「可可可」的ㄉㄜ˙聲ㄕㄥ音ㄧㄣ。

小ㄒㄧㄠˇ朋ㄆㄥˊ友ㄧㄡˇ，試ㄕˋ試ㄕˋ看ㄎㄢˋ下ㄒㄧㄚˋ面ㄇㄧㄢˋ這ㄓㄜˋ組ㄗㄨˇ形ㄒㄧㄥˊ聲ㄕㄥ字ㄗˋ，找ㄓㄠˇ出ㄔㄨ它ㄊㄚ們ㄇㄣ˙的ㄉㄜ˙形ㄒㄧㄥˊ符ㄈㄨˊ和ㄏㄜˊ聲ㄕㄥ符ㄈㄨˊ。

青ㄑㄧㄥ──表ㄅㄧㄠˇ示ㄕˋ美ㄇㄟˇ好ㄏㄠˇ的ㄉㄜ˙意ㄧˋ思ㄙ			
生ㄕㄥ字ㄗˋ	形ㄒㄧㄥˊ符ㄈㄨˊ	聲ㄕㄥ符ㄈㄨˊ	讀ㄉㄨˊ音ㄧㄣ
清	水	青	ㄑㄧㄥ
倩			
晴			
精			
情			

轉注（ㄓㄨㄢˇ ㄓㄨˋ）

轉（ㄓㄨㄢˇ）注（ㄓㄨˋ）字（ㄗˋ）是（ㄕˋ）由（ㄧㄡˊ）於（ㄩˊ）中（ㄓㄨㄥ）國（ㄍㄨㄛˊ）文（ㄨㄣˊ）字（ㄗˋ）中（ㄓㄨㄥ），因（ㄧㄣ）為（ㄨㄟˋ）各（ㄍㄜˋ）地（ㄉㄧˋ）方（ㄈㄤ）對（ㄉㄨㄟˋ）相（ㄒㄧㄤ）同（ㄊㄨㄥˊ）的（ㄉㄜ˙）事（ㄕˋ）物（ㄨˋ）創（ㄔㄨㄤˋ）造（ㄗㄠˋ）出（ㄔㄨ）不（ㄅㄨˋ）同（ㄊㄨㄥˊ）的（ㄉㄜ˙）形（ㄒㄧㄥˊ）音（ㄧㄣ）字（ㄗˋ），但（ㄉㄢˋ）在（ㄗㄞˋ）用（ㄩㄥˋ）法（ㄈㄚˇ）及（ㄐㄧˊ）意（ㄧˋ）思（ㄙ）上（ㄕㄤˋ）卻（ㄑㄩㄝˋ）能（ㄋㄥˊ）相（ㄒㄧㄤ）通（ㄊㄨㄥ），可（ㄎㄜˇ）以（ㄧˇ）互（ㄏㄨˋ）相（ㄒㄧㄤ）解（ㄐㄧㄝˇ）釋（ㄕˋ），是（ㄕˋ）屬（ㄕㄨˇ）於（ㄩˊ）文（ㄨㄣˊ）字（ㄗˋ）的（ㄉㄜ˙）一（ㄧ）種（ㄓㄨㄥˇ）「用（ㄩㄥˋ）法（ㄈㄚˇ）」。

例（ㄌㄧˋ）如（ㄖㄨˊ）：「父」就（ㄐㄧㄡˋ）是（ㄕˋ）父（ㄈㄨˋ）親（ㄑㄧㄣ），有（ㄧㄡˇ）些（ㄒㄧㄝ）地（ㄉㄧˋ）方（ㄈㄤ）說（ㄕㄨㄛ）「爸（ㄅㄚˋ）爸（ㄅㄚ˙）」。所（ㄙㄨㄛˇ）以（ㄧˇ），「父」和（ㄏㄢˋ）「爸」兩（ㄌㄧㄤˇ）個（ㄍㄜˋ）字（ㄗˋ）雖（ㄙㄨㄟ）然（ㄖㄢˊ）字（ㄗˋ）形（ㄒㄧㄥˊ）和（ㄏㄢˋ）發（ㄈㄚ）音（ㄧㄣ）不（ㄅㄨˋ）同（ㄊㄨㄥˊ），但（ㄉㄢˋ）有（ㄧㄡˇ）相（ㄒㄧㄤ）同（ㄊㄨㄥˊ）的（ㄉㄜ˙）意（ㄧˋ）思（ㄙ），這（ㄓㄜˋ）就（ㄐㄧㄡˋ）叫（ㄐㄧㄠˋ）做（ㄗㄨㄛˋ）「轉（ㄓㄨㄢˇ）注（ㄓㄨˋ）」。

父

爸

轉（ㄓㄨㄢˇ）注（ㄓㄨˋ）

小（ㄒㄧㄠˇ）朋（ㄆㄥˊ）友（ㄧㄡˇ），請（ㄑㄧㄥˇ）解（ㄐㄧㄝˇ）釋（ㄕˋ）看（ㄎㄢ）看（ㄎㄢ）
「船」和（ㄏㄢˋ）「舟」這（ㄓㄜˋ）兩（ㄌㄧㄤˇ）個（ㄍㄜˋ）字（ㄗˋ）
的（ㄉㄜ˙）讀（ㄉㄨˊ）音（ㄧㄣ）和（ㄏㄢˋ）意（ㄧˋ）義（ㄧˋ）。

生（ㄕㄥ）字（ㄗˋ）	讀（ㄉㄨˊ）音（ㄧㄣ）	意（ㄧˋ）義（ㄧˋ）
船		
舟		

假借

假借字是因為古人在描述某件事情時，可以用聲音來表示，但還沒有創造適當的字來表示，所以，只好從已經造好的字中，「借用」一個相同音的字來表示，可以說是「依聲託事」。

例ㄌㄧˋ如ㄖㄨˊ：「北」這ㄓㄜˋ個ㄍㄜˋ字ㄗˋ是ㄕˋ根ㄍㄣ據ㄐㄩˋ兩ㄌㄧㄤˇ個ㄍㄜˋ人ㄖㄣˊ背ㄅㄟˋ對ㄉㄨㄟˋ背ㄅㄟˋ的ㄉㄜ˙樣ㄧㄤˋ子ㄗˇ畫ㄏㄨㄚˋ出ㄔㄨ來ㄌㄞˊ的ㄉㄜ˙，原ㄩㄢˊ意ㄧˋ是ㄕˋ指ㄓˇ「背ㄅㄟˋ」的ㄉㄜ˙意ㄧˋ思ㄙ。因ㄧㄣ為ㄨㄟˋ中ㄓㄨㄥ國ㄍㄨㄛˊ北ㄅㄟˇ方ㄈㄤ的ㄉㄜ˙人ㄖㄣˊ，常ㄔㄤˊ要ㄧㄠˋ面ㄇㄧㄢˋ對ㄉㄨㄟˋ南ㄋㄢˊ方ㄈㄤ曬ㄕㄞˋ太ㄊㄞˋ陽ㄧㄤˊ取ㄑㄩˇ暖ㄋㄨㄢˇ，背ㄅㄟˋ對ㄉㄨㄟˋ的ㄉㄜ˙就ㄐㄧㄡˋ是ㄕˋ北ㄅㄟˇ方ㄈㄤ，故ㄍㄨˋ就ㄐㄧㄡˋ借ㄐㄧㄝˋ用ㄩㄥˋ「北」字ㄗˋ表ㄅㄧㄠˇ示ㄕˋ北ㄅㄟˇ方ㄈㄤ，然ㄖㄢˊ後ㄏㄡˋ再ㄗㄞˋ造ㄗㄠˋ一ㄧ個ㄍㄜˋ「背」字ㄗˋ，代ㄉㄞˋ替ㄊㄧˋ「北」的ㄉㄜ˙原ㄩㄢˊ意ㄧˋ。因ㄧㄣ此ㄘˇ，「北」就ㄐㄧㄡˋ是ㄕˋ一ㄧ個ㄍㄜˋ假ㄐㄧㄚˇ借ㄐㄧㄝˋ字ㄗˋ。

聰ㄘㄨㄥ明ㄇㄧㄥ的ㄉㄜ小ㄒㄧㄠ朋ㄆㄥ友ㄧㄡ：經ㄐㄧㄥ過ㄍㄨㄛ方ㄈㄤ方ㄈㄤ的ㄉㄜ說ㄕㄨㄛ明ㄇㄧㄥ，中ㄓㄨㄥ國ㄍㄨㄛ文ㄨㄣ字ㄗ是ㄕ不ㄅㄨ是ㄕ既ㄐㄧ有ㄧㄡ趣ㄑㄩ，又ㄧㄡ簡ㄐㄧㄢ單ㄉㄢ呀ㄚ？好ㄏㄠ好ㄏㄠ跟ㄍㄣ著ㄓㄜ老ㄌㄠ師ㄕ學ㄒㄩㄝ，你ㄋㄧ將ㄐㄧㄤ會ㄏㄨㄟ成ㄔㄥ為ㄨㄟ一ㄧ個ㄍㄜ中ㄓㄨㄥ國ㄍㄨㄛ文ㄨㄣ字ㄗ通ㄊㄨㄥ喔ㄛ！

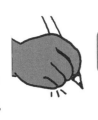

我是寫字高手

親愛的小朋友，寫字的姿勢很重要喔！正確的寫字姿勢不但可以讓字寫的漂亮，還能夠保護你的眼睛，比較不會近視，也不會腰痠背痛呢！現在我們來練習正確的寫字姿勢吧！

正確的寫字姿勢

姿勢：腰桿挺直，全身重量平均落在臀部，雙腳自然平放。

執筆

前臂全部平放桌面以維持穩定。以大拇哥（拇指）、二拇弟（食指）和中指握在距筆尖二～三公分處，筆桿自然靠在虎口處。

筆桿與簿面成四十五度角，眼睛需能看到筆尖。

執ㄓˊ筆ㄅㄧˇ與ㄩˇ寫ㄒㄧㄝˇ字ㄗˋ的ㄉㄜ˙姿ㄗ勢ㄕˋ

寫ㄒㄧㄝˇ字ㄗˋ 正ㄓㄥˋ面ㄇㄧㄢˋ坐ㄗㄨㄛˋ姿ㄗ		寫ㄒㄧㄝˇ字ㄗˋ 側ㄘㄜˋ面ㄇㄧㄢˋ坐ㄗㄨㄛˋ姿ㄗ	
執ㄓˊ筆ㄅㄧˇ 正ㄓㄥˋ面ㄇㄧㄢˋ姿ㄗ勢ㄕˋ		執ㄓˊ筆ㄅㄧˇ 側ㄘㄜˋ面ㄇㄧㄢˋ姿ㄗ勢ㄕˋ	

祕ㄇㄧˋ訣ㄐㄩㄝˊ填ㄊㄧㄢˊ填ㄊㄧㄢˊ看ㄎㄢˋ

三ㄙㄢ指ㄓˇ、平ㄆㄧㄥˊ、兩ㄌㄧㄤˇ指ㄓˇ、打ㄉㄚˇ直ㄓˊ

中ㄓㄨㄥ指ㄓˇ、三ㄙㄢ、端ㄉㄨㄢ正ㄓㄥˋ

	學ㄒㄩㄝˊ寫ㄒㄧㄝˇ字ㄗˋ 坐ㄗㄨㄛˋ（　　　） 腰ㄧㄠ（　　　）		兩ㄌㄧㄤˇ肩ㄐㄧㄢ（　　　） 放ㄈㄤˋ輕ㄑㄧㄥ鬆ㄙㄨㄥ
	大ㄉㄚˋ拇ㄇㄨˇ哥ㄍㄜ 二ㄦˋ拇ㄇㄨˇ弟ㄉㄧˋ （　　　）來ㄌㄞˊ挺ㄊㄧㄥˇ筆ㄅㄧˇ		離ㄌㄧˊ筆ㄅㄧˇ尖ㄐㄧㄢ （　　　）公ㄍㄨㄥ分ㄈㄣ
	前ㄑㄧㄢˊ（　　　） 帶ㄉㄞˋ筆ㄅㄧˇ走ㄗㄡˇ		後ㄏㄡˋ（　　　） 要ㄧㄠˋ穩ㄨㄣˇ定ㄉㄧㄥˋ

資料來源：教育部(90)台體字第九○○五五二一七號函修訂

筆畫練習

練習正確的筆畫，可以讓你寫字又快又漂亮喔！快來練習一下。

基本筆畫：

以下都是國字中會出現的筆畫，試著寫寫看。

名稱	點	橫	豎	撇	捺	挑	鉤
筆畫	丶	一	丨	丿	丶	丿	亅 乚
練習	丶	一	丨	丿	丶	丿	亅 乚
練習							
生字	太	大	十	少	八	河	丁 兒
練習	大	人	一	小	丿	河	一 卪
生字	心	子	中	必	人	打	水 巴
練習	心	了	口	心	丿	打	火 卪

請沿著虛線或灰線寫出筆畫。

直線	╎	╎	╎	╎
橫線	- - - -	- - - -	- - - -	- - - -
倒8線	∞	∞	∞	∞
曲線	∿	∿	∿	∿
圓	○	○	○	○
折線	⌐→	⌐→	⌐→	⌐→
十字線	╁	╁	╁	╁
交叉線	✕	✕	✕	✕
點	丶	丶	丶	丶
撇	ノ	ノ	ノ	ノ
捺	\	\	\	\
挑	✓	✓	✓	✓
豎勾	﹄	﹄	﹄	﹄
豎曲勾	㇄	㇄	㇄	㇄

筆順練習

小朋友，你有沒有發現？寫字時「筆畫」是有順序的，照著規則寫字，不但字寫的又快又好看，而且很快就可以把生字記起來喔！讓我們一起來練習筆順。

基本筆順	由上而下		自左而右		先橫後豎		先撇後捺	
舉例	三	字	川	仁	十	干	人	交
寫寫看	三	字	川	仁	十	干	人	交

基本筆順	由外而內	先中間後兩邊		先進入後關門		底橫畫最後	
舉例	問	月	小	水	國	日	王	上
寫寫看	問	月	小	水	國	日	王	上

小朋友，你有什麼新發現呢？按照筆順寫字，是不是寫起字來，輕鬆又容易！

連連看，找出下面字的筆順。

來　•　　　•　先上後下

回　•　　　•　先中間後兩邊

青　•　　　•　先撇後捺

入　•　　　•　先進入後關門

認識部首

〔人部〕

亻

部首變身秀（ㄅㄨˋ ㄕㄡˇ ㄅㄧㄢˋ ㄕㄣ ㄒㄧㄡˋ）

人（亻）（二ㄦˋ畫ㄏㄨㄚˋ）⇨ 練ㄌㄧㄢˋ習ㄒㄧˊ寫ㄒㄧㄝˇ一一ㄧ遍ㄅㄧㄢˋ ⇨ | 人 | 亻 |

「人」字ㄗˋ是ㄕˋ依ㄧ照ㄓㄠˋ人ㄖㄣˊ側ㄘㄜˋ面ㄇㄧㄢˋ站ㄓㄢˋ立ㄌㄧˋ的ㄉㄜ˙樣ㄧㄤˋ子ㄗˇ演ㄧㄢˇ變ㄅㄧㄢˋ過ㄍㄨㄛˋ來ㄌㄞˊ的ㄉㄜ˙，是ㄕˋ象ㄒㄧㄤˋ形ㄒㄧㄥˊ字ㄗˋ。

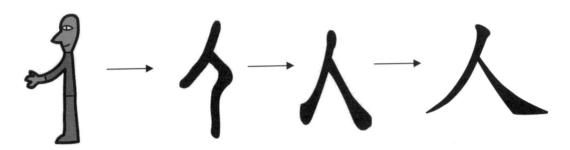

從ㄘㄨㄥˊ第ㄉㄧˋ二ㄦˋ個ㄍㄜˋ字ㄗˋ觀ㄍㄨㄢ察ㄔㄚˊ：上ㄕㄤˋ端ㄉㄨㄢ是ㄕˋ「頭ㄊㄡˊ」，向ㄒㄧㄤˋ左ㄗㄨㄛˇ右ㄧㄡˋ伸ㄕㄣ展ㄓㄢˇ的ㄉㄜ˙是ㄕˋ「手ㄕㄡˇ臂ㄅㄟˋ」，右ㄧㄡˋ方ㄈㄤ上ㄕㄤˋ邊ㄅㄧㄢ是ㄕˋ「身ㄕㄣ體ㄊㄧˇ」，身ㄕㄣ體ㄊㄧˇ下ㄒㄧㄚˋ方ㄈㄤ是ㄕˋ「腿ㄊㄨㄟˇ」。

頭

手臂

身體

腿

我ㄨㄛˇ是ㄕˋ超ㄔㄠ人ㄖㄣˊ

小ㄒㄧㄠˇ朋ㄆㄥˊ友ㄧㄡˇ！我ㄨㄛˇ們ㄇㄣ˙人ㄖㄣˊ是ㄕˋ萬ㄨㄢˋ物ㄨˋ之ㄓ靈ㄌㄧㄥˊ，只ㄓˇ有ㄧㄡˇ我ㄨㄛˇ們ㄇㄣ˙人ㄖㄣˊ類ㄌㄟˋ能ㄋㄥˊ夠ㄍㄡˋ「雙ㄕㄨㄤ腳ㄐㄧㄠˇ站ㄓㄢˋ立ㄌㄧˋ」行ㄒㄧㄥˊ走ㄗㄡˇ喔ㄛ˙！

「人」字當部首時，稱做「人字頭」。有時為了字的美觀，也會變身喔！

「人」做為偏旁時會寫成「亻」，稱為「單人旁」。大部分的「亻」都出現在字的左半部。

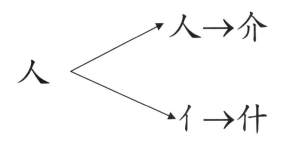

字的組合

人字頭	單人旁
1.在中間：仄、來	在左邊：
2.在旁邊：以	仁、你、住、休、個、做
3.在上面：介、今、傘	

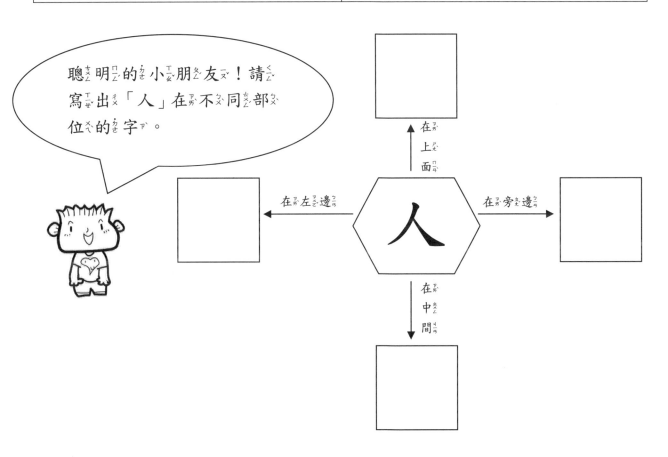

聰明的小朋友！請寫出「人」在不同部位的字。

在上面

在左邊　人　在旁邊

在中間

文字捉迷藏：「人」

日ㄖ期ㄑㄧ：＿＿＿＿年ㄋㄧㄢ＿＿＿＿月ㄩㄝ＿＿＿＿日ㄖ

聰ㄘㄨㄥ明ㄇㄧㄥ的ㄉㄜ小ㄒㄧㄠ朋ㄆㄥ友ㄧㄡ，請ㄑㄧㄥ找ㄓㄠ出ㄔㄨ下ㄒㄧㄚ列ㄌㄧㄝ「人ㄖㄣ字ㄗˋ頭ㄊㄡ」字ㄗˋ中ㄓㄨㄥ的ㄉㄜ「人」字ㄗˋ，並ㄅㄧㄥ將ㄐㄧㄤ「人」字ㄗˋ著ㄓㄨˋ上ㄕㄤ顏ㄧㄢ色ㄙㄜ。

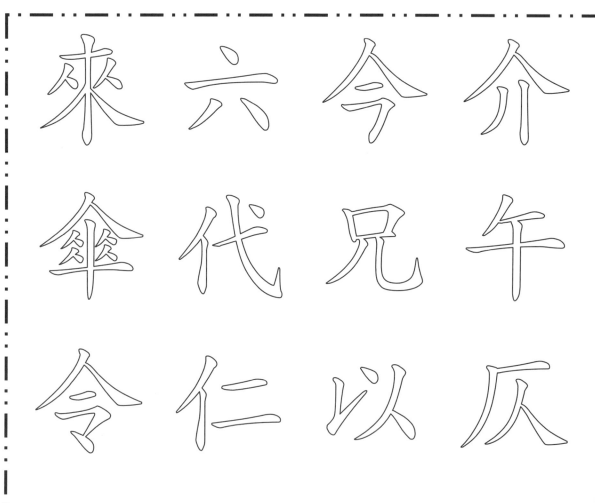

*教學小祕訣：翻翻樂

請將單字一一剪下，貼在名片卡上，就可以玩翻翻樂遊戲了。

①找出同部首：將字卡反蓋，翻到兩張同部首字卡就算成功，若不相同則蓋回重新翻牌，翻完全部的牌獲勝。

②記憶遊戲：相同的生字卡兩張，選出二或四個字，任意排成

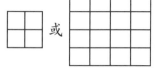

先讓學生看字的位置，再將字卡反蓋，一次任意翻兩張，翻到相同的字就算成功，不同的字則蓋回重新翻牌，全部翻完獲勝。可數人輪流比賽。

文字捉迷藏：「亻」

日（ㄖˋ）期（ㄑㄧ）：＿＿＿年（ㄋㄧㄢˊ）＿＿＿月（ㄩㄝˋ）＿＿＿日（ㄖˋ）

聰（ㄘㄨㄥ）明（ㄇㄧㄥˊ）的（ㄉㄜ）小（ㄒㄧㄠˇ）朋（ㄆㄥˊ）友（ㄧㄡˇ），請（ㄑㄧㄥˇ）找（ㄓㄠˇ）出（ㄔㄨ）下（ㄒㄧㄚˋ）列（ㄌㄧㄝˋ）「單（ㄉㄢ）人（ㄖㄣˊ）旁（ㄆㄤˊ）」字（ㄗˋ）中（ㄓㄨㄥ）的（ㄉㄜ）「亻」字（ㄗˋ），並（ㄅㄧㄥˋ）將（ㄐㄧㄤ）「亻」字（ㄗˋ）著（ㄓㄨˋ）上（ㄕㄤˋ）顏（ㄧㄢˊ）色（ㄙㄜˋ）。

我（ㄨㄛˇ） 的（ㄉㄜ） 表（ㄅㄧㄠˇ） 現（ㄒㄧㄢˋ）：	☀ ☀ ☀ ☀ ☀
（　） 評（ㄆㄧㄥˊ）分（ㄈㄣ）：	★ ★ ★ ★ ★

請（ㄑㄧㄥˇ）圈（ㄑㄩㄢ）出（ㄔㄨ）得（ㄉㄜˊ）分（ㄈㄣ）

49

日期： ＿＿＿＿年＿＿＿＿月＿＿＿＿日

小朋友！運用你的金頭腦，可以讓每個字變出另外一個字喔！仔細想一想，試試看。

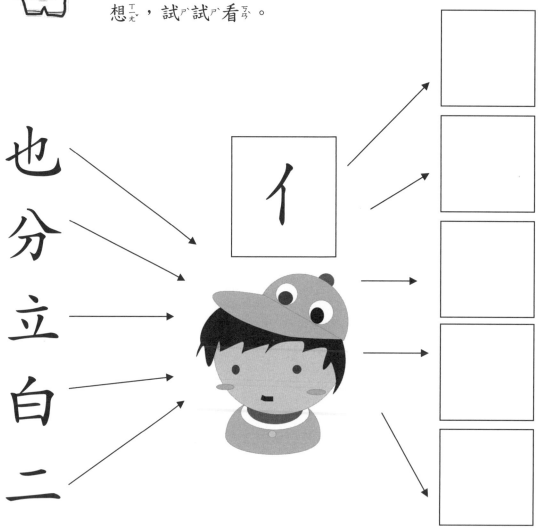

也
分
立
白
二

亻

＊找到好朋友：拼字遊戲

將左邊的部件及格子中的偏旁剪下，練習拼出正確字，並能念出正確的字音。也可以小組比賽，拼字及發音正確者獲勝。

例如：

亻　二　→　仁

日期：＿＿＿＿年＿＿＿＿月＿＿＿＿日

ラ
厂
川
ラ
止

人

我的表現：☀ ☀ ☀ ☀ ☀

（　　　）評分：⭐ ⭐ ⭐ ⭐ ⭐

請圈出得分

小小倉頡：讓我想一想

日期：＿＿＿＿＿年＿＿＿＿＿月＿＿＿＿＿日

小朋友，方方介紹了「人」的演變，以及人部的字，現在請你聯想看看與人有關的任何事物、詞語，並把它畫下來或是寫下來，做成一個聯想圖。

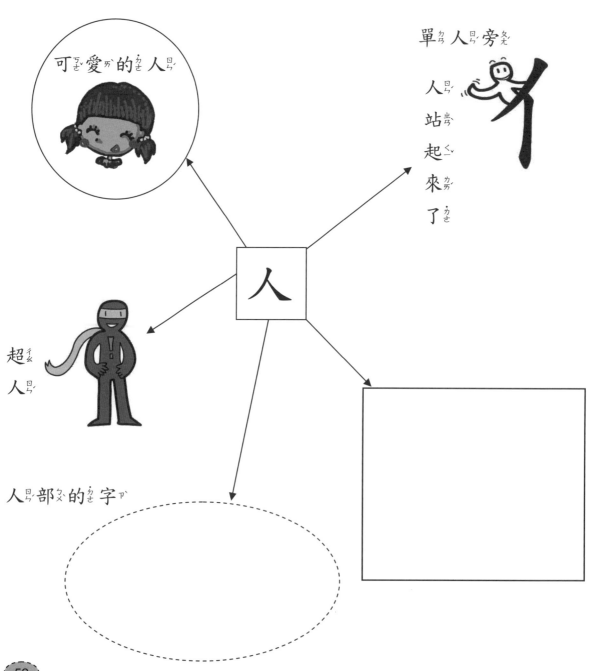

單人旁

人站起來了

可愛的人

人

超人

人部的字

52

猜字遊戲

日期： _____年 _____月 _____日

中國文字真好玩，聰明的小朋友！猜一猜下面左邊的字謎，再連到右邊的答案上。

※注意！都跟「人部」有關喔！

萬物之靈——人也 ●

主人 ●

百歲老人 ●

二個人 ●

阿兵哥立正 ●

二個人站起來 ●

● 佰
● 位
● 仁
● 他
● 介
● 住
● 來

表現成果：
☐ 太棒了！
☐ 真不錯！
☐ 再加油！

53

找「查」高手

日期： ＿＿＿＿＿年＿＿＿＿＿月＿＿＿＿＿日

方方最喜歡玩查字典遊戲了，可以認識很多生字喔！我們一起來試試吧！

生字	他	住	來	位	伯	介	仁
描寫	他	住	來	位	伯	介	仁
練習							
部首							
筆畫							
造詞練習	他們	住址	回來	座位	伯父	介紹	仁愛

文字迷宮

這個迷宮真奇怪，
沒有路也沒有牆，
只要跟著「人」字走，
祕密通道跑出來。

聰明的小朋友，方方提示你，把有「人」或「亻」的字塗上顏色，祕密通道就會出現啦！

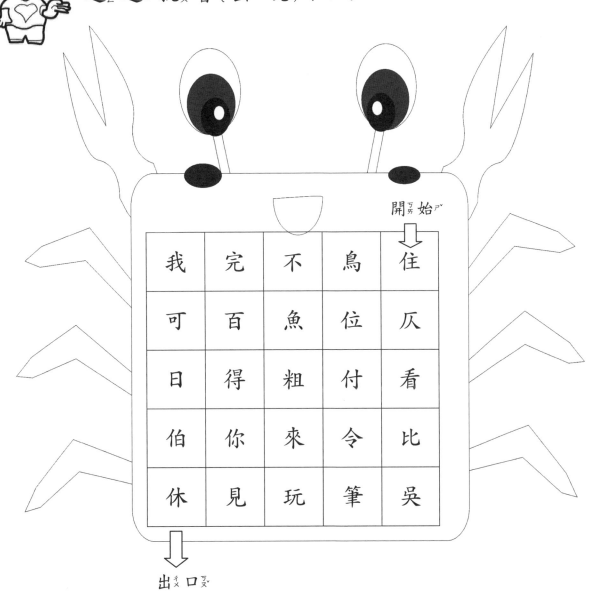

開始

我	完	不	鳥	住
可	百	魚	位	仄
日	得	粗	付	看
伯	你	來	令	比
休	見	玩	筆	吳

出口

小試身手

請把適當的詞語填入空格中。

他們　　仁愛　　回來　　伯父

座位　　介紹　　住址

1. 爸爸的哥哥我要稱呼他（　　　　　　）。

2. 開學的第一天，老師要我們每個人做自我
（　　　　　　）。

3. 禮義廉恥，忠孝（　　　　　　）信義和平，就是「四維八德」。

4. 到電影院看電影，要按照（　　　　　　）號碼，對號入座。

5. 小民和小健是雙胞胎，（　　　　　　）兩個的長相幾乎一模一樣。

6. 我家的（　　　　　　）是桃園縣中壢市中華路100號。

7. 哥哥今天一（　　　　　　）就喊肚子餓。

認（ㄖㄣˋ）識（ㄕˋ）部（ㄅㄨˋ）首（ㄕㄡˇ）

〔口（ㄎㄡˇ）部（ㄅㄨˋ）〕

部首變身秀

口 （三畫）⇨練習寫一遍⇨ 口

「口」是象形字，像是一個人笑口常開的樣子。

請在字典的「部首索引」中，查出「口」字：

部首	筆畫	頁數	詞語
口			

人說話和吃東西的器官是嘴巴，也就是口，所以「口」部的字，都和吃東西、發出的聲音有關喔！你發現了嗎？

| 唱歌 | 吃東西 | 吹口哨 | 吵架 |

還有哪些字也是呢？想一想寫下來！

文字捉迷藏：「口」

聰明的小朋友，請找出下列「口部」字中的「口」字，並將「口」字著上顏色。

哥	叫	吳	吹
句	告	妹	嗎
妙	向	可	吞

我的表現：	☀ ☀ ☀ ☀ ☀
（　　　）評分：	⭐ ⭐ ⭐ ⭐ ⭐

請圈出得分

59

文字組合：獅子大開「口」

日期： _____ 年 _____ 月 _____ 日

小朋友，獅子只要張開口，不但嘴巴大，聲音也很嚇人喔！請幫忙找一找下面口部的字，並將「口」著上顏色。

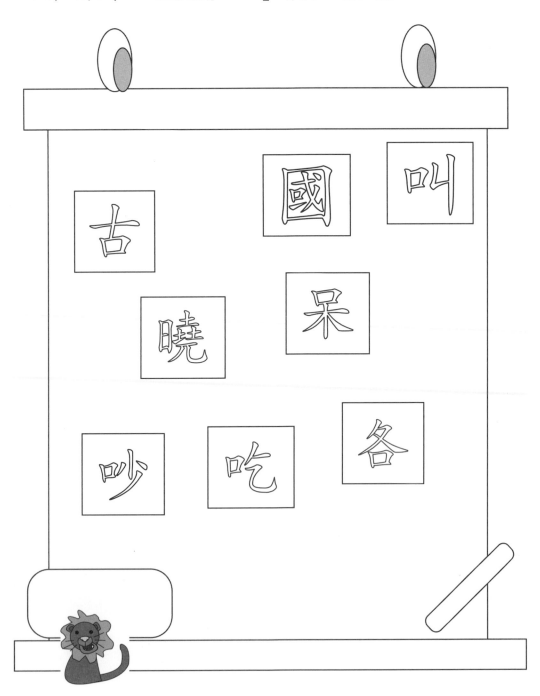

文字組合：小偵探出動

日期： _____年 _____月 _____日

聰明的小偵探，動動腦，可以讓每個字變出另外一個字喔！仔細想一想，試試看。

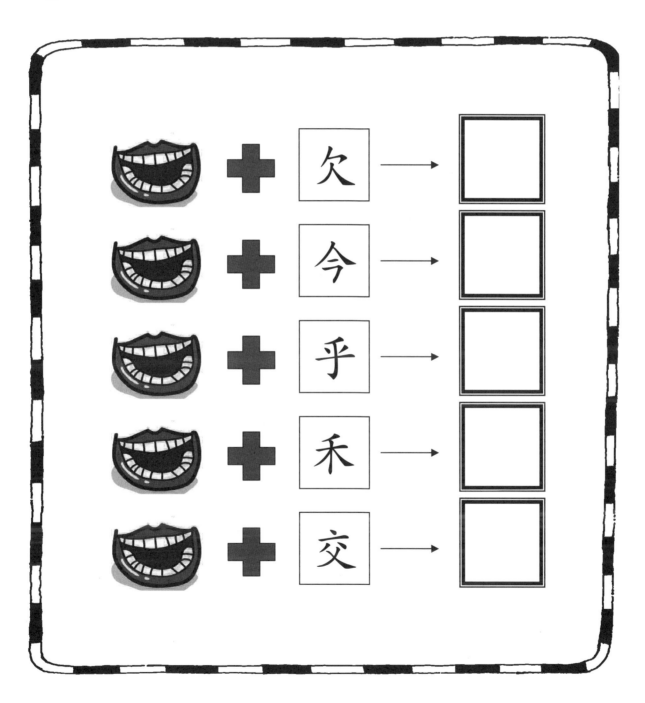

注意：「口」不一定在左邊。

61

小小倉頡：讓我想一想

日期：_____年_____月_____日

小朋友，方方介紹了「口」的演變，以及口部的字，現在請你聯想看看與口有關的任何事物、詞語，並把它畫下來或是寫下來，做成一個聯想圖。

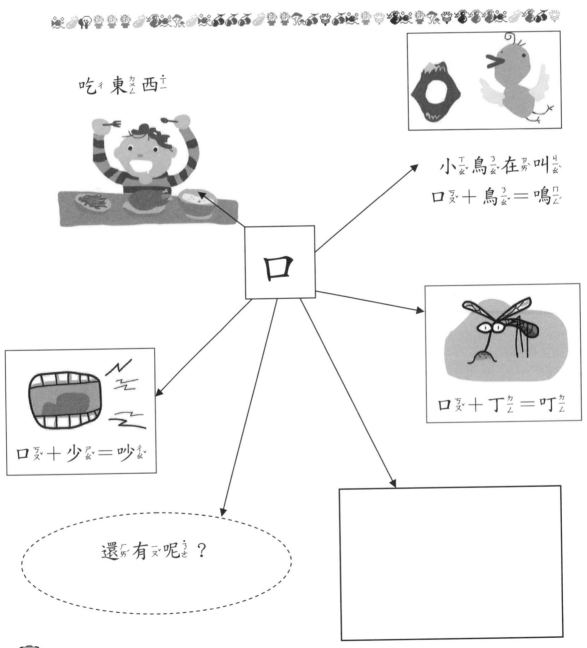

吃東西

小鳥在叫
口＋鳥＝鳴

口＋丁＝叮

口＋少＝吵

還有呢？

猜字遊戲

日期： ＿＿＿年＿＿＿月＿＿＿日

中國文字真好玩，聰明的小朋友！猜一猜下面左邊的字謎，再連到右邊的答案上。

※注意！都跟「口部」有關喔！

夕陽在嘴上 ●

拿一半吃一半 ●

接吻 ●

嘴巴紅紅 ●

一口咬掉牛尾巴 ●

一家四口，
中間養隻狗 ●

● 呂
● 告
● 名
● 嚇
● 介
● 哈
● 器

表現成果：
☐ 太棒了！
☐ 真不錯！
☐ 再加油！

找「查」高手

日ㄖˋ期ㄑㄧ： _____ 年ㄋㄧㄢˊ _____ 月ㄩㄝˋ _____ 日ㄖˋ

方ㄈㄤ方ㄈㄤ最ㄗㄨㄟˋ喜ㄒㄧˇ歡ㄏㄨㄢ玩ㄨㄢˊ查ㄔㄚˊ字ㄗˋ典ㄉㄧㄢˇ遊ㄧㄡˊ戲ㄒㄧˋ了ㄌㄜ，可ㄎㄜˇ以ㄧˇ認ㄖㄣˋ識ㄕˋ很ㄏㄣˇ多ㄉㄨㄛ生ㄕㄥ字ㄗˋ喔ㄛ！我ㄨㄛˇ們ㄇㄣ一ㄧˋ起ㄑㄧˇ來ㄌㄞˊ試ㄕˋ試ㄕˋ吧ㄅㄚ！

生ㄕㄥ字ㄗˋ	吃ㄔ	和ㄏㄜˊ	吹ㄔㄨㄟ	吵ㄔㄠˇ	含ㄏㄢˊ	問ㄨㄣˋ	哭ㄎㄨ
描ㄇㄠˊ寫ㄒㄧㄝˇ	吃	和	吹	吵	含	問	哭
練ㄌㄧㄢˋ習ㄒㄧˊ							
部ㄅㄨˋ首ㄕㄡˇ							
筆ㄅㄧˇ畫ㄏㄨㄚˋ							
造ㄗㄠˋ詞ㄘˊ練ㄌㄧㄢˋ習ㄒㄧˊ	吃ㄔ力ㄌㄧˋ	和ㄏㄜˊ平ㄆㄧㄥˊ	吹ㄔㄨㄟ奏ㄗㄡˋ	吵ㄔㄠˇ架ㄐㄧㄚˋ	含ㄏㄢˊ量ㄌㄧㄤˋ	問ㄨㄣˋ好ㄏㄠˇ	哭ㄎㄨ叫ㄐㄧㄠˋ

你ㄋㄧˇ一ㄧˊ定ㄉㄧㄥˋ做ㄗㄨㄛˋ得ㄉㄜ到ㄉㄠˋ！加ㄐㄧㄚ油ㄧㄡˊ！

文字迷宮

這個迷宮真奇怪，沒有路也沒有牆，只要跟著「口」字走，祕密通道跑出來。

聰明的小朋友，方方提示你，把有「口」的字塗上顏色，祕密通道就會出現啦！

開始
⬇

想	古	鈴	次	錦
村	另	同	名	呂
女	衙	鈔	鍋	吹
官	吃	各	含	吞
日	唱	月	鋼	奇

⬇
出口

65

小試身手

日期：＿＿＿年＿＿＿月＿＿＿日

請把適當的詞語填入空格中。

```
吵架      哈哈大笑      喜愛      吃虧
可愛      問題          唱歌
```

1. 妹妹學走路小心翼翼的樣子真是
   （　　　　　）。

2. 同學間相處要相親相愛，不
   可以（　　　　　）。

3. 小芬是班上的開心果，常把
   大家逗得（　　　　　）。

4. 買東西要貨比三家，才不會（　　　　　）。

5. 哥哥是電腦高手，凡是電腦有（　　　　　），
   找他就可以解決了。

6. 我們全家最喜歡到 KTV
   （　　　　　），享受當歌星的滋
   味。

7. 我最（　　　　　）的卡通人物
   是哆啦 A 夢。

認ㄖㄣˋ識ㄕˋ部ㄅㄨˋ首ㄕㄡˇ

〔手ㄕㄡˇ部ㄅㄨˋ〕

部首變身秀

手 （四畫）⇨練習寫一遍⇨ 手

「手」是依照人的手掌，五個手指頭張開的樣子，演變而成的。

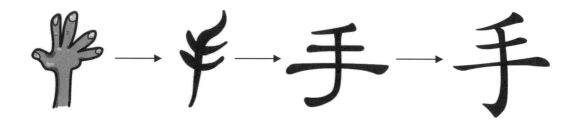

從第二個字觀察：上端是「五個指頭」，下端是手腕。

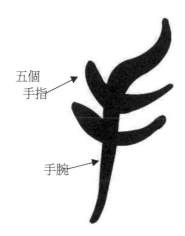

五個
手指 →

手腕 →

小朋友！我們有萬能的雙手，十個手指頭可以做很多事，還可以打手語喔！

錢

十

廿

民

手

筆

「手」字當作部首時，稱做「手部底」，字義和手的動作或是用手做的事有關，例如：「拿」、「摩」。

「手」當偏旁時寫成「扌」，稱為「提手旁」。

請在字典的「部首索引」中，查出「手」和「扌」字：

部首	筆畫	頁數	詞語
手			
扌			

字的組合

1. 字左有「扌」：打、拉、提、揚、抱。
2. 字下有「手」：拿、擊、掌、拳、摩。
3. 其他：才、拜、承。

文字捉迷藏：「手」

日期： ＿＿＿＿年＿＿＿＿月＿＿＿＿日

聰明的小朋友，請找出下列「手部底」字中的「手」字，並將「手」字著上顏色。

拿　桃　念　擊

閒　卷　摯　夠

拳　天　攀　事

＊教學小祕訣：翻翻樂

請將單字一一剪下，貼在名片卡上，就可以玩翻翻樂遊戲了。

①找出同部首：將字卡反蓋，翻到兩張同部首字卡就算成功，若不相同則蓋回重新翻牌，翻完全部的牌獲勝。

②記憶遊戲：相同的生字卡兩張，選出二或四個字，任意排成

 或

先讓學生看字的位置，再將字卡反蓋，一次任意翻兩張，翻到相同的字就算成功，不同的字則蓋回重新翻牌，全部翻完獲勝。可數人輪流比賽。

日﹖期﹖：＿＿＿年﹖＿＿＿月﹖＿＿＿日﹖

聰﹖明﹖的﹖小﹖朋﹖友﹖，請﹖找﹖出﹖下﹖列﹖「提﹖手﹖旁﹖」

字﹖中﹖的﹖「　　」字﹖，並﹖將﹖「　　」字﹖著﹖上﹖顏﹖色﹖。

我﹖	的﹖	表﹖	現﹖：	☀ ☀ ☀ ☀ ☀
（　　）		評﹖分﹖：		⭐ ⭐ ⭐ ⭐ ⭐

請﹖圈﹖出﹖得﹖分﹖

文字組合：採水果

日期：＿＿＿＿年＿＿＿＿月＿＿＿＿日

方方今天到果園去採水果，可是不知道哪一顆水果是成熟，可以摘下來的。聰明的小農夫，快來幫忙吧！

◎ 只要碰到「手」或是「才」，就是成熟又香甜的水果。

小小倉頡：讓我想一想

日期：＿＿＿＿年＿＿＿＿月＿＿＿＿日

小朋友，方方介紹了「手」的演變，以及手部的字，現在請你聯想看看與手有關的任何事物、詞語，並把它畫下來或是寫下來，做成一個聯想圖。

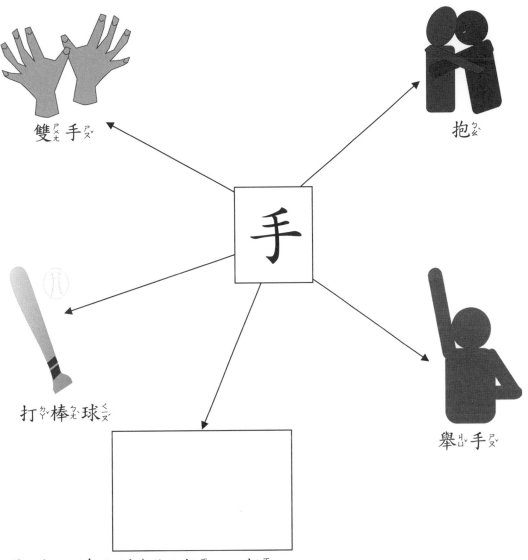

雙手

抱

打棒球

舉手

還有呢？請你想一想，寫下來或畫下來。

73

猜字遊戲

中國文字真有趣，猜一猜熱氣球上的字謎，並在籃子上寫出正確的謎底。

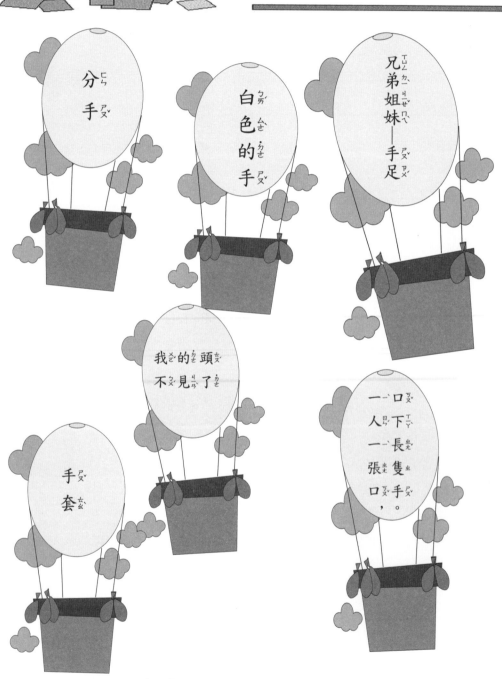

分手

白色的手

兄弟姐妹—手足

我的頭不見了

手套

一口下長一隻手，一人一張口。

參考答案：扮、拿、捉、拍、抱、找。

74

找「查」高手

方方最喜歡玩查字典遊戲了，可以認識很多生字喔！我們一起來試試吧！

生字	打	扮	抱	拍	拿	拉	找
描寫	打	扮	抱	拍	拿	拉	找
練習							
部首							
筆畫							
造詞練習	打仗	打扮	抱負	拍手	拿手	拉車	找到

你一定做得到！加油！

文字迷宮

這個迷宮真奇怪，
沒有路也沒有牆，
只要跟著「手」字走，
祕密通道跑出來。

聰明的小朋友，方方提示你，
把有「手」或「扌」的字塗上顏色，
祕密通道就會出現啦！

開始

打	拿	不	小	過
可	扮	魚	位	揚
日	抬	粗	役	拉
伯	找	掌	捉	抱
告	見	玩	筆	吳

出口

76

小試身手

日期： _____ 年 _____ 月 _____ 日

請把適當的詞語填入空格中。

打仗	打扮	把握
拿手	拉車	找到
拍手		

1. 姊姊的（　　　　　）好菜是紅燒獅子頭，吃過的人都讚不絕口。

2. 我要好好（　　　　　）今年的暑假，把游泳學會。

3. 小弟弟高興得一直（　　　　　）。

4. 盛開的花朵，把春天（　　　　　）的更美麗了。

5. 替灰姑娘（　　　　　）的兩匹馬其實是老鼠變成的。

6. 哥哥爸爸真偉大，名譽到我家，為國去（　　　　　），當兵笑哈哈。

7. 小元花了很多時間，終於（　　　　　）他走失的小狗，高興得一直親吻著牠。

認識部首

認ㄖㄣˋ識ㄕˋ部ㄅㄨˋ首ㄕㄡˇ

〔木ㄇㄨˋ部ㄅㄨˋ〕

部首變身秀

日期： _____年_____月_____日

木 （四畫） ⇨ 練習寫一遍 ⇨ 木

 一顆高大的樹木，上面是茂盛的樹枝和樹葉，中間是粗大的樹幹，下面是堅固的根。

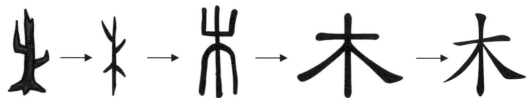

經過後來筆畫的簡略，就是現在的「木」字。

請在字典的「部首索引」中，查出「木」字：

部首	筆畫	頁數	詞語
木			

❯充電站❮

小朋友，你知道嗎？用「木」組合的字，都和植物或是木頭製品有關喔！

桌	--桌子是用木材製作的。
林	--很多樹木生長的地方叫樹林。
李	--樹上的果子。
本	--樹木的根，是重要的一部分，也就是根本。

文字捉迷藏：「木」

日ㄖˋ期ㄑ一ˊ：＿＿＿＿年ㄋ一ㄢˊ＿＿＿＿月ㄩㄝˋ＿＿＿＿日ㄖˋ

聰ㄘㄨㄥ明ㄇ一ㄥˊ的ㄉㄜ˙小ㄒ一ㄠˇ朋ㄆㄥˊ友ㄧㄡˇ，請ㄑ一ㄥˇ找ㄓㄠˇ出ㄔㄨ下ㄒ一ㄚˋ列ㄌ一ㄝˋ「木ㄇㄨˋ部ㄅㄨˋ」字ㄗˋ中ㄓㄨㄥ的ㄉㄜ˙「木」字ㄗˋ，並ㄅ一ㄥˋ將ㄐ一ㄤ「木」字ㄗˋ著ㄓㄨㄛˋ上ㄕㄤˋ顏ㄧㄢˊ色ㄙㄜˋ。

朵 村 挑 材

果 松 樹 樂

未 仙 柏 李

我ㄨㄛˇ　的ㄉㄜ˙　表ㄅ一ㄠˇ　現ㄒ一ㄢˋ：

（　　　）評ㄆ一ㄥˊ分ㄈㄣ：

請ㄑ一ㄥˇ圈ㄑㄩㄢ出ㄔㄨ得ㄉㄜˊ分ㄈㄣ

81

文字組合：文字樹

文字樹上有好多的字！樹下的小朋友寫著寫著竟然睡著了。聰明的小朋友，請你幫忙一下，將「木部」的字找出來，並塗上顏色。

文字組合：小小木匠

日期：＿＿＿＿年＿＿＿＿月＿＿＿＿日

方方想蓋一棟小屋，需要你幫忙搬木材，聰明的你，動動腦！在木頭上填上正確的字。

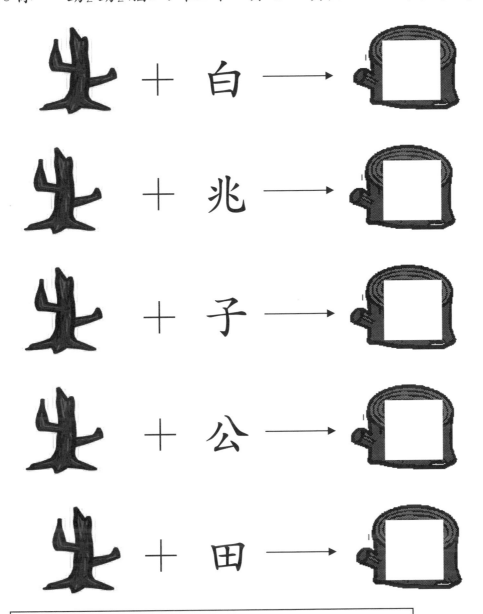

止 ＋ 白 ⟶ ☐

止 ＋ 兆 ⟶ ☐

止 ＋ 子 ⟶ ☐

止 ＋ 公 ⟶ ☐

止 ＋ 田 ⟶ ☐

全部完成的是：＿＿＿＿＿＿＿＿＿

☐ 五題全對，很棒喔！

☐ 答對四題，就差一點，也很棒。

☐ 答對三題，要看仔細再作答。

☐ 三題以下，要加油喔！

83

小小倉頡：讓我想一想

日期：＿＿＿＿年＿＿＿＿月＿＿＿＿日

小朋友，方方介紹了「木」的演變，以及木部的字，現在請你聯想看看與木有關的任何事物、詞語，並把它畫下來或是寫下來，做成一個聯想圖。

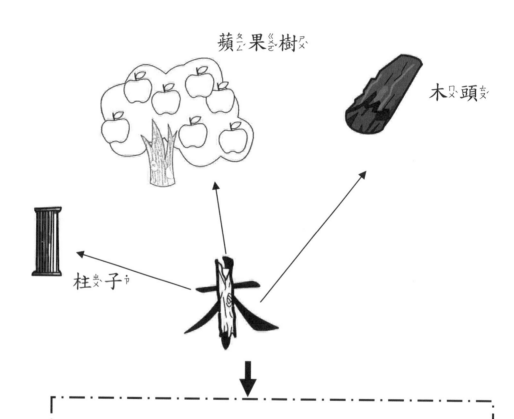

蘋果樹

木頭

柱子

還有呢？請你想一想，將它寫下來或畫下來！

84

猜字遊戲

日期： _____年_____月_____日

猜猜看它們是什麼字？並用猜出來的字造一個詞。

十跑八字追，你說打出誰？三字一伸腿，照腰一扁，	五口之家，外種一顆樹。	楓樹無風，旁邊坐個老公公。	樹下乘涼	兩棵樹	森林大火
					焚
					焚燒

參考答案：松、李、梧、休、林。

□ 全對，真是不簡單。

□ 答對四題，很不錯了。

□ 答對三題，仔細檢查，就會全對。

□ 三題以下，要加油喔！趕快去問老師正確答案。

找「查」高手

日期： _____年 _____月 _____日

方方最喜歡玩查字典遊戲了，可以認識很多生字喔！我們一起來試試吧！

生字	林	果	李	桃	柏	松	村
描寫	林	果	李	桃	柏	松	村
練習							
部首							
筆畫							
造詞練習	森林	蘋果	李樹	桃花	扁柏	松樹	村莊

你一定做得到！加油！

86

文字迷宮

日期： ＿＿＿＿年 ＿＿＿＿月 ＿＿＿＿日

這個迷宮真奇怪，沒有路也沒有牆，只要跟著「木」字走，祕密通道跑出來。

聰明的小朋友，方方提示你，把有「木」部的字塗上顏色，祕密通道就會出現啦！

開始

抬	果	拍	供	光
古	村	花	恬	大
李	森	炒	東	柱
松	捕	杏	杜	報
柏	樹	枝	河	淋

出口

日期：_____年_____月_____日

「村」的意思是指鄉下有房子聚集的地方，例如：村落、村莊。

讀一讀、念一念：

我愛鄉村

我愛鄉村，鄉村風景好。

山上有蟲鳴，地上長青草。

村落交錯，雞犬相聞。

我愛鄉村，鄉村風景好。

松 ㄙㄨㄥ

松樹可以活很久，當山風吹過時，會發出像海濤一樣的松濤聲，松字的「公」，就是表示松濤的聲音。

「林」的意思是指很多樹木聚集的地方，文字以兩棵樹木並排，來表示樹木很多，而創造出「林」這個字。

小試身手

請把適當的詞語填入空格中。

果凍	森林	鄉村	樹枝
本分	松濤	桃園	材料

1. 媽媽到超市購買製作姊姊生日蛋糕的（　　　　　　）。

2. （　　　　　　）是風吹入松樹林所發出的聲音。

3. 桃園國際機場位於（　　　　　　）市大園區。

4. 這棵大樹的（　　　　　　）上有一個鳥巢。

5. 讀書是學生的（　　　　　　）。

6. 晶瑩剔透的（　　　　　　）又好看又好吃。

7. 德國的黑（　　　　　　）風景秀麗，令人流連忘返。

8. （　　　　　　）不但視野廣闊，而且空氣清新，令人心曠神怡。

認識部首

〔水部〕

水（四畫）⇒練習寫一遍⇒

「水」字是根據河水流動的形狀，創造出來的字。

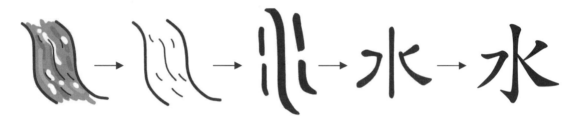

看起來好像一條河流的樣子，所以「水」是象形字。

河水上的紋路

◆水的故事

水是我們人類生活中很重要的東西，每天我們都要喝水、用水洗澡、清洗物品……等等。例如：夏天天氣很熱的時候，方方最喜歡到游泳池玩水了！水的樣子有三種喔！除了我們常見的液體的水之外，還有氣體的水蒸氣，以及固體的冰喔！

水的三態

「水」作為部首時，偏旁寫成「氵」，稱為「三點水」。

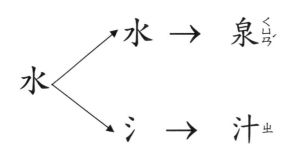

水 → 泉

氵 → 汁

請在字典的「部首索引」中，
查出「水」和「氵」字：

部首	筆畫	頁數	詞語
水			
氵			

字的組合：水部的組合有下列兩種：

1.「水」— 水、永、泉。

2.「氵」— 汁、江、池。

日期：＿＿＿＿年＿＿＿＿月＿＿＿＿日

聰明的小朋友，請找出下列「水部」字中的「水」及「氵」字，並將「水」和「氵」字著上顏色。

我的表現：

（　　　）評分：

文字組合：釣魚樂

日期：＿＿＿年＿＿＿月＿＿＿日

小朋友，跟我一起出海捕魚去吧！今天要
釣的魚是「水」和「氵」，出發了！

◎ 請將有「水」的魚塗上藍色，
有「氵」的魚塗上紅色。

日期：＿＿＿＿年＿＿＿＿月＿＿＿＿日

天氣好熱喔！想喝一杯清涼的水，
奇怪？加了水的茶杯，會出現字喔！

小小倉頡：讓我想一想

日期： ＿＿＿＿年＿＿＿＿月＿＿＿＿日

小朋友，方方介紹了「水」的演變，以及水部的字，現在請你聯想看看與水有關的任何事物、詞語，把它畫下來或是寫下來，做成一個聯想圖。

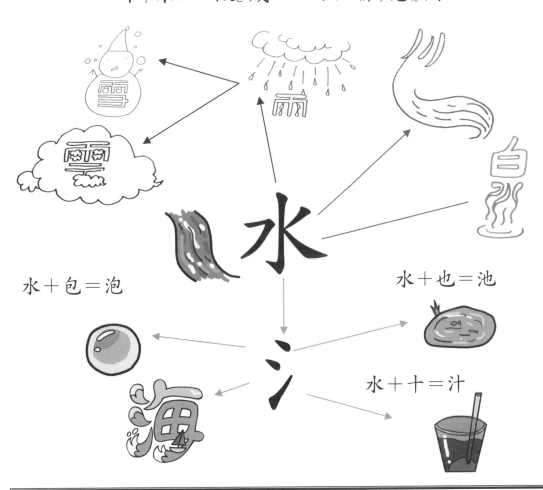

水＋包＝泡

水＋也＝池

水＋十＝汁

你還想到了什麼有關水的事物？

把它寫下來或畫下來！

猜ㄘㄞ字ㄗˋ遊ㄧㄡˊ戲ㄒㄧˋ

聰ㄘㄨㄥ明ㄇㄧㄥˊ的ㄉㄜ˙小ㄒㄧㄠˇ朋ㄆㄥˊ友ㄧㄡˇ，下ㄒㄧㄚˋ面ㄇㄧㄢˋ的ㄉㄜ˙字ㄗˋ謎ㄇㄧˊ都ㄉㄡ是ㄕˋ和ㄏㄢˊ「水」有ㄧㄡˇ關ㄍㄨㄢ的ㄉㄜ˙字ㄗˋ喔ㄜ˙！猜ㄘㄞ猜ㄘㄞ看ㄎㄢˋ，你ㄋㄧˇ答ㄉㄚˊ對ㄉㄨㄟˋ了ㄌㄜ˙幾ㄐㄧˇ個ㄍㄜˋ呢ㄋㄜ˙？

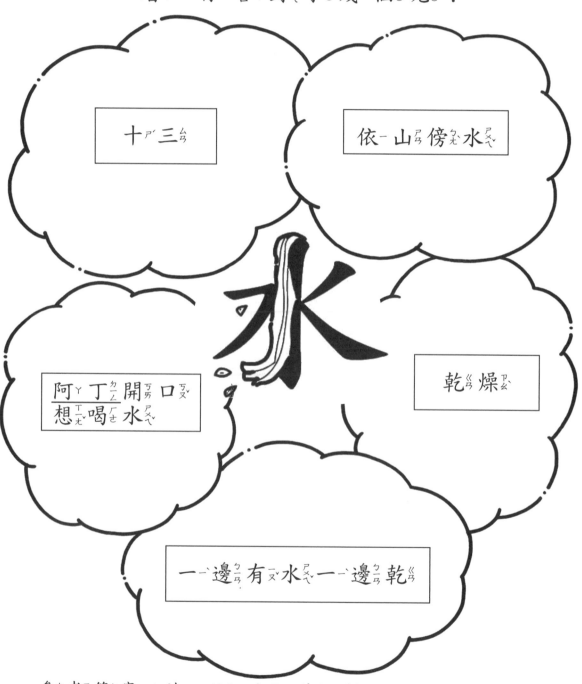

十ㄕˊ三ㄙㄢ

依ㄧ山ㄕㄢ傍ㄅㄤˋ水ㄕㄨㄟˇ

阿ㄚ丁ㄉㄥ開ㄎㄞ口ㄎㄡˇ想ㄒㄧㄤˇ喝ㄏㄜ水ㄕㄨㄟˇ

乾ㄍㄢ燥ㄗㄠˋ

一ㄧ邊ㄅㄧㄢ有ㄧㄡˇ水ㄕㄨㄟˇ一ㄧ邊ㄅㄧㄢ乾ㄍㄢ

參ㄘㄢ考ㄎㄠˇ答ㄉㄚˊ案ㄢˋ：汁ㄓ、汕ㄕㄢˋ、河ㄏㄜˊ、法ㄈㄚˇ、汗ㄏㄢˋ。

找ㄓㄠˇ「查ㄔㄚˊ」高ㄍㄠ手ㄕㄡˇ

方ㄈㄤ方ㄈㄤ最ㄗㄨㄟˋ喜ㄒㄧˇ歡ㄏㄨㄢ玩ㄨㄢˊ查ㄔㄚˊ字ㄗˋ典ㄉㄧㄢˇ遊ㄧㄡˊ戲ㄒㄧˋ了ㄌㄜ˙，可ㄎㄜˇ以ㄧˇ認ㄖㄣˋ識ㄕˋ很ㄏㄣˇ多ㄉㄨㄛ生ㄕㄥ字ㄗˋ喔ㄛ！我ㄨㄛˇ們ㄇㄣˊ一ㄧˋ起ㄑㄧˇ來ㄌㄞˊ試ㄕˋ試ㄕˋ吧ㄅㄚ！

生ㄕㄥ字ㄗˋ	汁ㄓ	泡ㄆㄠˋ	泉ㄑㄩㄢˊ	泊ㄅㄛˊ	海ㄏㄞˇ	河ㄏㄜˊ	漿ㄐㄧㄤ
描ㄇㄠˊ寫ㄒㄧㄝˇ	汁	泡	泉	泊	海	河	漿
練ㄌㄧㄢˋ習ㄒㄧˊ							
部ㄅㄨˋ首ㄕㄡˇ							
筆ㄅㄧˇ畫ㄏㄨㄚˋ							
造ㄗㄠˋ詞ㄘˊ練ㄌㄧㄢˋ習ㄒㄧˊ	果ㄍㄨㄛˇ汁ㄓ	泡ㄆㄠˋ沫ㄇㄛˋ	溫ㄨㄣ泉ㄑㄩㄢˊ	湖ㄏㄨˊ泊ㄅㄛˊ	大ㄉㄚˋ海ㄏㄞˇ	河ㄏㄜˊ流ㄌㄧㄡˊ	豆ㄉㄡˋ漿ㄐㄧㄤ

你ㄋㄧˇ一ㄧˊ定ㄉㄧㄥˋ做ㄗㄨㄛˋ得ㄉㄜ˙到ㄉㄠˋ！加ㄐㄧㄚ油ㄧㄡˊ！

文字迷宮

這個迷宮真奇怪，
沒有路也沒有牆，
只要跟著「水」字走，
祕密通道跑出來。

聰明的小朋友，方方提示你，把有「水」或「氵」的字塗上顏色，祕密通道就會出現啦！

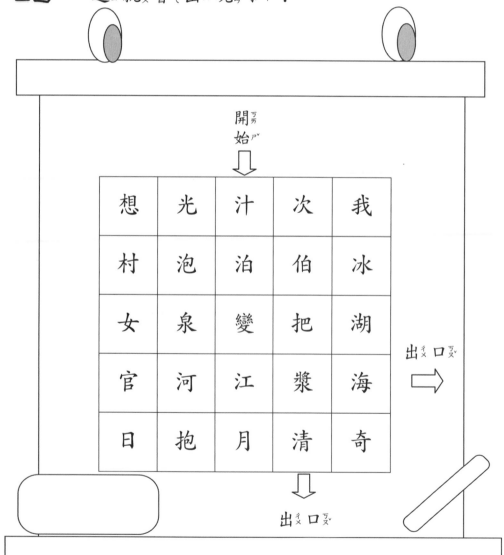

開始

想	光	汁	次	我
村	泡	泊	伯	冰
女	泉	變	把	湖
官	河	江	漿	海
日	抱	月	清	奇

出口

出口

文字的故事

生字	字義／解釋
泉 溫泉	◎ 泉：地下水從山坡上流下來的水。 ◎ 由來：泉字的上半部像是一個洞穴，下半部就是洞穴裡流出來的水。
汁 水+十=汁	◎ 汁：有加入其他物質的水就叫做「汁」，例如：「果汁」、「湯汁」。 ◎ 由來：「汁」是由「水」和「十」所組成的。「十」有很多、很雜的意思。「汁」可以說是包含其他物質的水。
泡 水+包=泡	◎ 泡：就是被水包住所形成的水泡。 ◎ 由來：古時候的人在水邊觀察泡泡的樣子，很像水被「包」起來了，於是就創造出「泡」這個字。
沙 水+少=沙	◎ 沙：細小的石粒。 ◎ 由來：在河流中，水少的地方就容易看到沙子，「沙」字就是如此創造出來的。

小試身手

日期： _____年_____月_____日

請把適當的詞語填入空格中。

果汁　　　　溫泉　　　　海洋

豆漿　　　　泡湯　　　　沙漠

1. 寒冷的天氣裡，泡（　　　　　　）最舒服了。

2. （　　　　　　）是黃豆加水磨製而成的。

3. 因為爸爸臨時要加班，所以這個週末只能待在家裡，美好的假期就這樣（　　　　　　）了。

4. 太平洋是世界上最大的（　　　　　　）。

5. 駱駝不但可以在沙地上行走，又能忍耐口渴，有（　　　　　　）之舟的稱號。

6. 夏天一到，市面上就有各式各樣可口的（　　　　　　）上市。

集ㄐㄧˊ中ㄓㄨㄥ識ㄕˋ字ㄗˋ

〔少ㄕㄠˇ〕

童詩花園

日期：＿＿＿＿年＿＿＿＿月＿＿＿＿日

☺念一念，再把偏旁是「少」的字圈起來！

手加少讀作抄，我把答案抄下來。

水加少讀作沙，我把泥沙清光光。

女加少讀作妙，我的夢想最美妙。

金加少讀作鈔，我有一整堆鈔票。

口加少讀作吵，我的歌聲不嫌吵。

糸加少讀作紗，我把紗窗刷一刷。

禾加少讀作秒，我會把握每一秒。

配對連連看

請細心觀察下面的圖畫，連一連、念一念。

抄下來	泥沙	美妙	鈔票	不嫌吵	紗窗	每一秒
●	●	●	●	●	●	●
●	●	●	●	●	●	●
			00:00:01			

文字捉迷藏

我們要來認識偏旁是「少」的字。請把相同的部分塗上顏色，描一描、念一念，並把每個字的「部首」圈起來。

這些生字相同的部分是＿＿＿＿＿＿

我　的　表　現：	☆☆☆☆☆
（　　　　）評分：	✡✡✡✡✡

請圈出得分

105

日期： _____年 _____月 _____日

下面左邊中的字，是我們學過的部首，把他們放在「少」的旁邊，會組合成另一個新字喔！請練習寫出完整的國字和注音。

國字	注音
扌 + 少 =	
氵 + 少 =	
女 + 少 =	
金 + 少 =	
口 + 少 =	
糹 + 少 =	
禾 + 少 =	

加油！

要努力想喔！

☐	全部答對，非常屬害喔！
☐	答對六題，真的很不錯！
☐	答對五題，可以更好喔！
☐	四題以下，請多加油吧！

106

找「查」高手：基本題

日期： _____ 年 _____ 月 _____ 日

小朋友！現在讓我們一起來查字典，把每一個生字找出來。

生字	抄	沙	妙	鈔	吵	紗	秒
注音							
部首							
筆畫							
頁數							
造詞							

我的表現：✡✡✡✡✡

（　　　　　）評分：✡✡✡✡✡

請圈出得分

107

找「查」高手：挑戰題

☺字詞聯想，寫出詞語和造句。

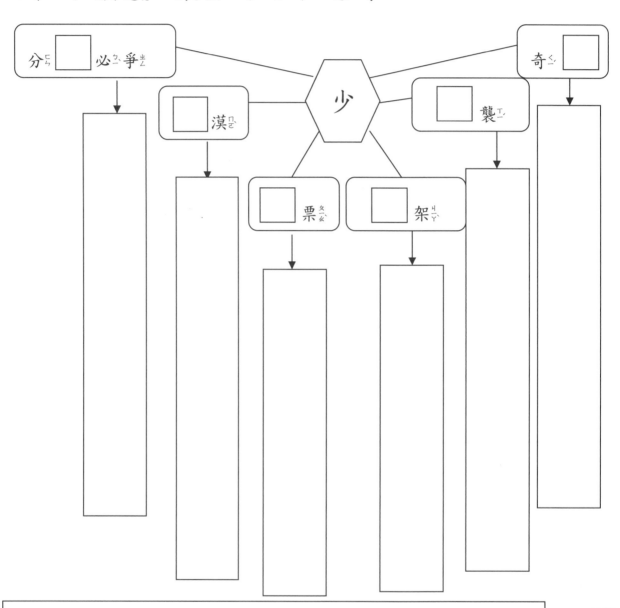

分□必爭

奇□

□漠

少

□襲

□票

□架

每題最高 6 分，算一算，你得了幾分？

☐ 1分：能正確寫出空格內的國字，還不錯喔！

☐ 2分：能運用詞語寫出正確的句子，真厲害！

☐ 3分：能運用成語或諺語寫出正確的句子，很棒喔！

集滿 18 分，我希望可以：_____

愛現時間

日期：_____年_____月_____日

小朋友！請在空格內寫出正確的生字。

---

* 阿甘在教室走廊上撿到一張百元（　　　）票。

* 魔術師的精彩表演真是奇（　　　）。

* 每到夏天，海邊的（　　　）灘就會充滿遊客。

* 哥哥和弟弟又為了搶玩具而（　　　）架。

* 小傑今天把家中的（　　　）門和（　　　）窗清洗得乾乾淨淨。

牛刀小試：改錯字，把錯誤的字圈起來，並在空格內寫出正確的字。

1. （　　　）奶奶正在虔誠的吵寫經文。

2. （　　　）阿甘突然被阿寶猛然踢了一下，覺得莫名其秒。

3. （　　　）時鐘裡的紗針走得最快，時針走得最慢。

4. （　　　）哥哥的手包著鈔布是因為不小心被熱湯燙到了。

5. （　　　）駱駝有「砂漠之舟」的別稱。

自由聯想

看到下面的詞語和圖片，你會聯想到什麼呢？你可以利用寫字、說話、剪貼或畫圖等方法，把所有聯想到的內容表達出來，寫在下方的空格中，並練習造句。

紗窗	不嫌吵	美妙	每一秒
			00：00：01
造句練習		造句練習	
請運用指定的詞語造一個句子。(順序可以調換)「紗窗」、「不嫌吵」 _____ _____ _____		請運用指定的詞語造一個句子。(順序可以調換)「美妙」、「每一秒」 _____ _____ _____	

表現成果：
☐ 太棒了！
☑ 真不錯！
☐ 再加油！

110

造句練習

日期：_____年_____月_____日

☺小朋友！請利用詞語練習造句。

抄下來：　_____

　　　　　_____

泥沙：　　_____

　　　　　_____

美妙：　　_____

　　　　　_____

鈔票：　　_____

　　　　　_____

不嫌吵：　_____

　　　　　_____

紗窗：　　_____

　　　　　_____

每一秒：　_____
00：00：01　_____

每題最高 10 分，算一算，你得了幾分？
☐ 1 分：能寫出正確的國字或注音，上課十分用心聽講！
☐ 2 分：能正確運用標點符號，知道寫作文的基本原則！
☐ 3 分：造句內容通順流暢，有成為小作家的基本條件！
☐ 4 分：造句內容能運用成語或諺語，課外常識很豐富！

集滿 30 分，我希望可以：_____

集ㄐㄧˊ 中ㄓㄨㄥ 識ㄕˋ 字ㄗˋ

〔主ㄓㄨˇ〕

童詩花園

☺念一念，再把偏旁是「主」的字圈起來！

救火員，滅火去，
強力水柱噴出去，
大火註定要滅熄，
救火一定要注意，
住家安全放第一。

配對連連看

請細心觀察下面的圖畫，
連一連、念一念。

水柱	註定	注意	住家
●	●	●	●
●	●	●	●

文字捉迷藏

我們要來認識偏旁是「主」的字。請把相同的部分塗上顏色，描一描、念一念，並把每個字的「部首」圈起來。

這些生字相同的部分是＿＿＿＿＿＿＿

我的表現：	☆ ☆ ☆ ☆ ☆
（ 　　　　　） 評分：	✡ ✡ ✡ ✡ ✡

請圈出得分

文ㄨㄣˊ字ㄗˋ組ㄗㄨˇ合ㄏㄜˊ

日ㄖˋ期ㄑㄧˊ：_____年ㄋㄧㄢˊ_____月ㄩㄝˋ_____日ㄖˋ

下ㄒㄧㄚˋ面ㄇㄧㄢˋ左ㄗㄨㄛˇ邊ㄅㄧㄢ中ㄓㄨㄥ的ㄉㄜ˙字ㄗˋ，是ㄕˋ我ㄨㄛˇ們ㄇㄣ˙學ㄒㄩㄝˊ過ㄍㄨㄛˋ的ㄉㄜ˙部ㄅㄨˋ首ㄕㄡˇ，把ㄅㄚˇ他ㄊㄚ們ㄇㄣ˙放ㄈㄤˋ在ㄗㄞˋ「主」的ㄉㄜ˙旁ㄆㄤˊ邊ㄅㄧㄢ，會ㄏㄨㄟˋ組ㄗㄨˇ合ㄏㄜˊ成ㄔㄥˊ另ㄌㄧㄥˋ一ㄧˋ個ㄍㄜˋ新ㄒㄧㄣ字ㄗˋ喔ㄛ！請ㄑㄧㄥˇ練ㄌㄧㄢˋ習ㄒㄧˊ寫ㄒㄧㄝˇ出ㄔㄨ完ㄨㄢˊ整ㄓㄥˇ的ㄉㄜ˙國ㄍㄨㄛˊ字ㄗˋ和ㄏㄢˋ注ㄓㄨˋ音ㄧㄣ。

		國ㄍㄨㄛˊ字ㄗˋ	注ㄓㄨˋ音ㄧㄣ
氵＋主＝			
亻＋主＝			
木＋主＝			
言＋主＝			

加ㄐㄧㄚ油ㄧㄡˊ！
要ㄧㄠˋ努ㄋㄨˇ力ㄌㄧˋ想ㄒㄧㄤˇ喔ㄛ！

找「查」高手：基本題

日期： _____ 年 _____ 月 _____ 日

小朋友！現在讓我們一起來查字典，把每一個生字找出來。

生字	注	住	柱	註
注音				
部首				
筆畫				
頁數				
造詞				

我的表現：✿ ✿ ✿ ✿ ✿

（　　　）評分：✡ ✡ ✡ ✡ ✡

請圈出得分

117

找ㄓㄠˇ「查ㄔㄚˊ」高ㄍㄠ手ㄕㄡˇ：挑ㄊㄧㄠˇ戰ㄓㄢˋ題ㄊㄧˊ

日ㄖˋ期ㄑㄧˊ： _____ 年ㄋㄧㄢˊ _____ 月ㄩㄝˋ _____ 日ㄖˋ

☺字ㄗˋ詞ㄘˊ聯ㄌㄧㄢˊ想ㄒㄧㄤˇ，寫ㄒㄧㄝˇ出ㄔㄨ詞ㄘˊ語ㄩˇ和ㄏㄢˊ造ㄗㄠˋ句ㄐㄩˋ。

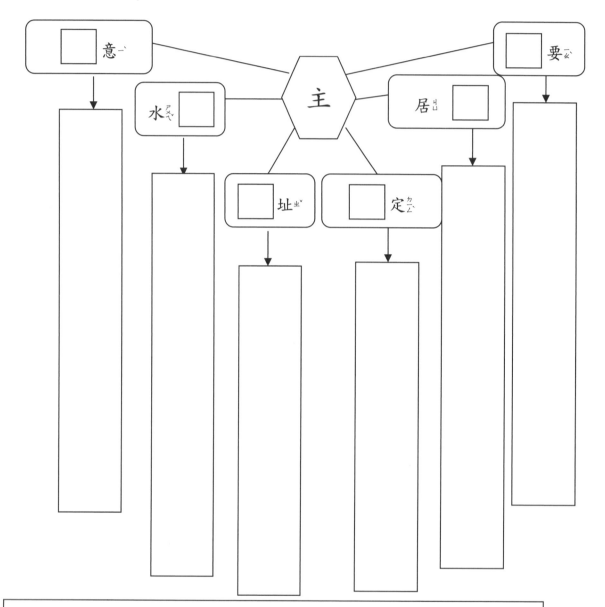

每ㄇㄟˇ題ㄊㄧˊ最ㄗㄨㄟˋ高ㄍㄠ 6 分ㄈㄣ，算ㄙㄨㄢˋ一ㄧˋ算ㄙㄨㄢˋ，你ㄋㄧˇ得ㄉㄜ了ㄌㄜ幾ㄐㄧˇ分ㄈㄣ？
☐ 1 分ㄈㄣ：能ㄋㄥˊ正ㄓㄥˋ確ㄑㄩㄝˋ寫ㄒㄧㄝˇ出ㄔㄨ空ㄎㄨㄥˋ格ㄍㄜˊ內ㄋㄟˋ的ㄉㄜ國ㄍㄨㄛˊ字ㄗˋ，還ㄏㄞˊ不ㄅㄨˊ錯ㄘㄨㄛˋ！
☐ 2 分ㄈㄣ：能ㄋㄥˊ運ㄩㄣˋ用ㄩㄥˋ詞ㄘˊ語ㄩˇ寫ㄒㄧㄝˇ出ㄔㄨ正ㄓㄥˋ確ㄑㄩㄝˋ的ㄉㄜ句ㄐㄩˋ子ㄗ，真ㄓㄣ厲ㄌㄧˋ害ㄏㄞˋ！
☐ 3 分ㄈㄣ：能ㄋㄥˊ運ㄩㄣˋ用ㄩㄥˋ成ㄔㄥˊ語ㄩˇ或ㄏㄨㄛˋ諺ㄧㄢˋ語ㄩˇ寫ㄒㄧㄝˇ出ㄔㄨ正ㄓㄥˋ確ㄑㄩㄝˋ的ㄉㄜ句ㄐㄩˋ子ㄗ，很ㄏㄣˇ棒ㄅㄤˋ喔ㄛ！

集ㄐㄧˊ滿ㄇㄢˇ 18 分ㄈㄣ，我ㄨㄛˇ希ㄒㄧ望ㄨㄤˋ可ㄎㄜˇ以ㄧˇ：_____

118

愛現時間

小朋友！請在空格內寫出正確的生字。

* 破裂的水管噴出強烈的水（　　　）。

* 奶奶常說人與人之間的緣分是天（　　　）定的。

* 過馬路要（　　　）意來往的車輛。

* 每戶（　　　）家都應該要做好垃圾分類。

牛刀小試：改錯字，把錯誤的字圈起來，並在空格內寫出正確的字。

1. （　　　）我家就註在台北 101 附近。

2. （　　　）消防隊員運用強力的水注，很快就將這場森林火災撲滅了。

3. （　　　）過馬路時要柱意左右的來車，小心快步的穿越馬路。

4. （　　　）哥哥整個暑假忙著打工，都是為了籌出下學期的住冊費。

自由聯想

看到下面的詞語和圖片，你會聯想到什麼呢？你可以利用寫字、說話、剪貼或畫圖等方法，把所有聯想到的內容表達出來，寫在下方的空格中，並練習造句。

水柱	註定	注意	住家

造句練習	造句練習
請運用指定的詞語造一個句子。(順序可以調換) 「水柱」、「註定」 _____ _____ _____	請運用指定的詞語造一個句子。(順序可以調換) 「注意」、「住家」 _____ _____ _____

表現成果：
☐ 太棒了！
☑ 真不錯！
☐ 再加油！

造句練習

日期：_____年_____月_____日

☺小朋友！請利用詞語練習造句。

水柱：

_____

_____

註定：

_____

_____

注意：

_____

_____

住家：

_____

_____

每題最高 10 分，算一算，你得了幾分？

☐ 1 分：能寫出正確的國字或注音，上課十分用心聽講！

☐ 2 分：能正確運用標點符號，知道寫作文的基本原則！

☐ 3 分：造句內容通順流暢，有成為小作家的基本條件！

☐ 4 分：造句內容能運用成語或諺語，課外常識很豐富！

集滿 20 分，我希望可以：_____

集ㄐㄧˊ中ㄓㄨㄥ識ㄕˋ字ㄗˋ

〔包ㄅㄠ〕

童ㄊㄨㄥˊ詩ㄕ花ㄏㄨㄚ園ㄩㄢˊ

☺念ㄋ一ㄢˋ一一念ㄋ一ㄢˋ，再ㄗㄞˋ把ㄅㄚˇ偏ㄆ一ㄢ旁ㄆㄤˊ是ㄕˋ「包」的ㄉㄜ字ㄗˋ圈ㄑㄩㄢ起ㄑ一ˇ來ㄌㄞˊ！

雙ㄕㄨㄤ胞ㄅㄠ胎ㄊㄞ，感ㄍㄢˇ情ㄑ一ㄥˊ好ㄏㄠˇ，

每ㄇㄟˇ天ㄊ一ㄢ都ㄉㄡ要ㄧㄠˋ抱ㄅㄠˋ一一抱ㄅㄠˋ，

整ㄓㄥˇ日ㄖˋ跑ㄆㄠˇ跑ㄆㄠˇ又ㄧㄡˋ跳ㄊ一ㄠˋ跳ㄊ一ㄠˋ，

媽ㄇㄚ媽ㄇㄚ說ㄕㄨㄛ快ㄎㄨㄞˋ來ㄌㄞˊ洗ㄒ一ˇ澡ㄗㄠˇ，

洗ㄒ一ˇ完ㄨㄢˊ澡ㄗㄠˇ，泡ㄆㄠˋ一一泡ㄆㄠˋ，

穿ㄔㄨㄢ上ㄕㄤˋ睡ㄕㄨㄟˋ袍ㄆㄠˊ舒ㄕㄨ服ㄈㄨˊ睡ㄕㄨㄟˋ個ㄍㄜˋ覺ㄐ一ㄠˋ。

配ㄆㄟˋ對ㄉㄨㄟˋ連ㄌ一ㄢˊ連ㄌ一ㄢˊ看ㄎㄢˋ

請ㄑ一ㄥˇ細ㄒ一ˋ心ㄒ一ㄣ觀ㄍㄨㄢ察ㄔㄚˊ下ㄒ一ㄚˋ面ㄇ一ㄢˋ的ㄉㄜ圖ㄊㄨˊ畫ㄏㄨㄚˋ，連ㄌ一ㄢˊ一一連ㄌ一ㄢˊ、念ㄋ一ㄢˋ一一念ㄋ一ㄢˋ

雙ㄕㄨㄤ胞ㄅㄠ胎ㄊㄞ	抱ㄅㄠˋ一一抱ㄅㄠˋ	跑ㄆㄠˇ跳ㄊ一ㄠˋ	泡ㄆㄠˋ一一泡ㄆㄠˋ	睡ㄕㄨㄟˋ袍ㄆㄠˊ
●	●	●	●	●
●	●	●	●	●

文字捉迷藏

我們要來認識偏旁是「包」的字，請把相同的部分塗上顏色，描一描、念一念，並把每個字的「部首」圈起來。

這些生字相同的部分是＿＿＿＿＿＿＿＿

我 的 表 現：	✿✿✿✿✿
（　　　　　）評分：	✡✡✡✡✡

請圈出得分

文字組合

下面左邊中的字，是我們學過的部首，把他們放在「包」的旁邊，會組合成另一個新字喔！請練習寫出完整的國字和注音。

	國字	注音
扌 + 包 =		
氵 + 包 =		
足 + 包 =		
月 + 包 =		
衤 + 包 =		

加油！
要努力想喔！

□ 全部答對，非常厲害喔！
□ 答對四題，真的很不錯喔！
□ 答對三題，可以更好喔！
□ 二題以下，請多加油吧！

126

找「查」高手：基本題

日期： ＿＿＿年＿＿＿月＿＿＿日

小朋友！現在讓我們一起來查字典，把每一個生字找出來。

生字	抱	泡	跑	胞	袍
注音					
部首					
筆畫					
頁數					
造詞					

我的表現：☆☆☆☆☆

（　　　　）評分：✡✡✡✡✡

請圈出得分

找ㄓㄠˇ「查ㄔㄚˊ」高ㄍㄠ手ㄕㄡˇ：挑ㄊㄧㄠˇ戰ㄓㄢˋ題ㄊㄧˊ

☺字ㄗˋ詞ㄘˊ聯ㄌㄧㄢˊ想ㄒㄧㄤˇ，寫ㄒㄧㄝˇ出ㄔㄨ詞ㄘˊ語ㄩˇ和ㄏㄜˊ造ㄗㄠˋ句ㄐㄩˋ。

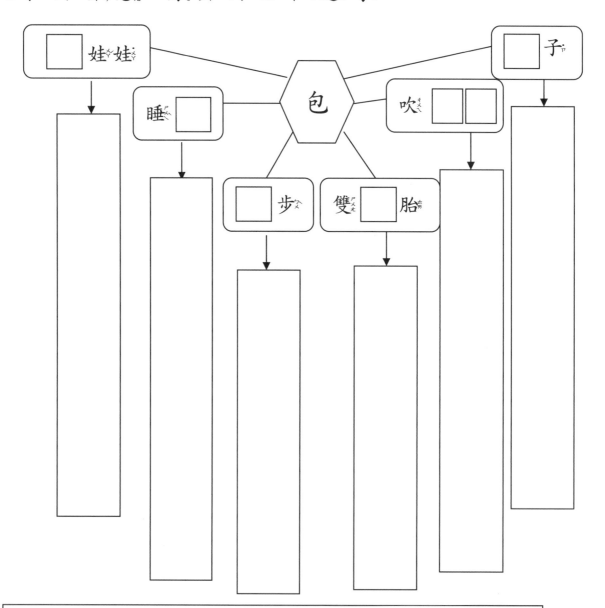

每ㄇㄟˇ題ㄊㄧˊ最ㄗㄨㄟˋ高ㄍㄠ 6 分ㄈㄣ，算ㄙㄨㄢˋ一一算ㄙㄨㄢˋ，你ㄋㄧˇ得ㄉㄜˊ了ㄌㄜ幾ㄐㄧˇ分ㄈㄣ？

☐ 1分ㄈㄣ：能ㄋㄥˊ正ㄓㄥˋ確ㄑㄩㄝˋ寫ㄒㄧㄝˇ出ㄔㄨ空ㄎㄨㄥ格ㄍㄜˊ內ㄋㄟˋ的ㄉㄜ國ㄍㄨㄛˊ字ㄗˋ，還ㄏㄞˊ不ㄅㄨˊ錯ㄘㄨㄛˋ！

☐ 2分ㄈㄣ：能ㄋㄥˊ運ㄩㄣˋ用ㄩㄥˋ詞ㄘˊ語ㄩˇ寫ㄒㄧㄝˇ出ㄔㄨ正ㄓㄥˋ確ㄑㄩㄝˋ的ㄉㄜ句ㄐㄩˋ子ㄗˇ，真ㄓㄣ厲ㄌㄧˋ害ㄏㄞˋ！

☐ 3分ㄈㄣ：能ㄋㄥˊ運ㄩㄣˋ用ㄩㄥˋ成ㄔㄥˊ語ㄩˇ或ㄏㄨㄛˋ諺ㄧㄢˋ語ㄩˇ寫ㄒㄧㄝˇ出ㄔㄨ正ㄓㄥˋ確ㄑㄩㄝˋ的ㄉㄜ句ㄐㄩˋ子ㄗˇ，很ㄏㄣˇ棒ㄅㄤˋ喔ㄛ！

集ㄐㄧˊ滿ㄇㄢˇ 18 分ㄈㄣ，我ㄨㄛˇ希ㄒㄧ望ㄨㄤˋ可ㄎㄜˇ以ㄧˇ：＿＿＿＿＿＿＿＿＿＿＿＿

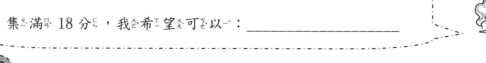

愛現時間

小朋友！請在空格內寫出正確的生字。

---

* 他們兩個人是雙（　　）胎兄弟。

* 妹妹每天回家都會先（　　）一（　　）媽媽。

* 老師要我們下課多去操場（　　）（　　）跳跳。

* 假日時，我們全家人最喜歡去（　　）一（　　）溫泉。

* 姐姐買了一件新的睡（　　）。

牛刀小試：改錯字，把錯誤的字圈起來，並在空格內寫出正確的字。

1. （　　）我最喜歡吃隔壁早餐店的肉砲子。

2. （　　）我想要叫媽媽買吹砲砲的玩具給我。

3. （　　）我有一對雙包胎弟弟。

4. （　　）妹妹枹著娃娃逛花園。

5. （　　）爸爸每天早上都去公園抱步。

自由聯想

看到下面的詞語和圖片，你會聯想到什麼呢？你可以利用寫字、說話、剪貼或畫圖等方法，把所有聯想到的內容表達出來，寫在下方的空格中，並練習造句。

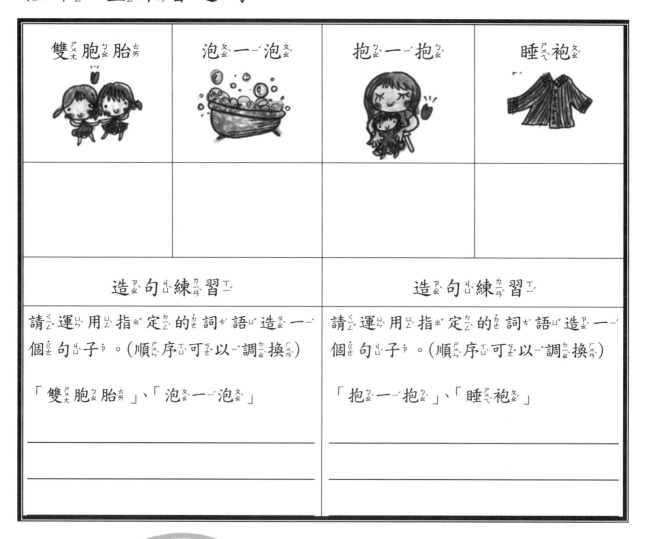

雙胞胎	泡一泡	抱一抱	睡袍

造句練習	造句練習
請運用指定的詞語造一個句子。（順序可以調換）「雙胞胎」、「泡一泡」	請運用指定的詞語造一個句子。（順序可以調換）「抱一抱」、「睡袍」
_____ _____	_____ _____

表現成果：
☐ 太棒了！
☐ 真不錯！
☐ 再加油！

造句練習

小朋友！請利用詞語練習造句。

雙胞胎：＿＿＿＿＿＿＿＿＿＿＿＿＿＿＿＿＿＿＿＿＿＿＿＿＿＿＿＿

＿＿＿＿＿＿＿＿＿＿＿＿＿＿＿＿＿＿＿＿＿＿＿＿＿＿＿＿＿＿＿＿＿

抱一抱：＿＿＿＿＿＿＿＿＿＿＿＿＿＿＿＿＿＿＿＿＿＿＿＿＿＿＿＿

＿＿＿＿＿＿＿＿＿＿＿＿＿＿＿＿＿＿＿＿＿＿＿＿＿＿＿＿＿＿＿＿＿

跑跳：＿＿＿＿＿＿＿＿＿＿＿＿＿＿＿＿＿＿＿＿＿＿＿＿＿＿＿＿＿

＿＿＿＿＿＿＿＿＿＿＿＿＿＿＿＿＿＿＿＿＿＿＿＿＿＿＿＿＿＿＿＿＿

泡一泡：＿＿＿＿＿＿＿＿＿＿＿＿＿＿＿＿＿＿＿＿＿＿＿＿＿＿＿＿

＿＿＿＿＿＿＿＿＿＿＿＿＿＿＿＿＿＿＿＿＿＿＿＿＿＿＿＿＿＿＿＿＿

睡袍：＿＿＿＿＿＿＿＿＿＿＿＿＿＿＿＿＿＿＿＿＿＿＿＿＿＿＿＿＿

＿＿＿＿＿＿＿＿＿＿＿＿＿＿＿＿＿＿＿＿＿＿＿＿＿＿＿＿＿＿＿＿＿

每題最高 10 分，算一算，你得了幾分？
- ☐ 1 分：能寫出正確的國字或注音，上課十分用心聽講！
- ☐ 2 分：能正確運用標點符號，知道寫作文的基本原則！
- ☐ 3 分：造句內容通順流暢，有成為小作家的基本條件！
- ☐ 4 分：造句內容能運用成語或諺語，課外常識很豐富！

集滿 30 分，我希望可以：＿＿＿＿＿＿＿＿＿＿＿＿＿＿

集ㄐㄧˊ中ㄓㄨㄥ識ㄕˋ字ㄗˋ

〔可ㄎㄜˇ〕

童詩花園

☺念一念，再把偏旁是「可」的字圈起來！

小偵探，叫柯南，
任何難題都不怕，
上高山，過小河，
尋找真相不嫌煩，
解決困難笑呵呵。

配對連連看

請細心觀察下面的圖畫，
連一連、念一念。

柯南	任何	小河	笑呵呵
●	●	●	●
●	●	●	●

文字捉迷藏

日期：_____年_____月_____日

我們要來認識偏旁是「可」的字。請把相同的部分塗上顏色，描一描、念一念，並把每個字的「部首」圈起來。

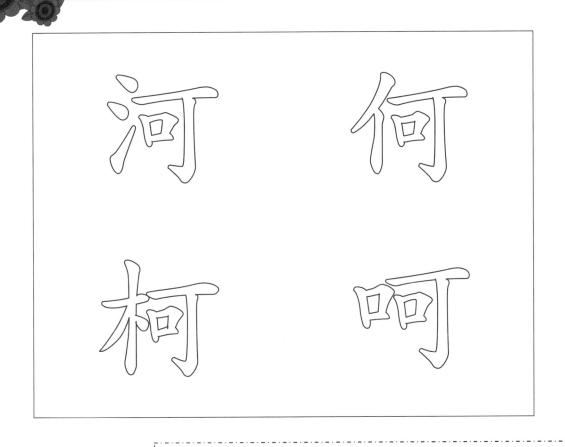

河　　何

柯　　呵

這些生字相同的部分是_____

我的表現：☆☆☆☆☆

（　　）評分：☆☆☆☆☆

請圈出得分

135

文字組合

下面左邊中的字，是我們學過的部首，把他們放在「可」的旁邊，會組合成另一個新字喔！請練習寫出完整的國字和注音。

	國字	注音
氵 + 可 =		
亻 + 可 =		
木 + 可 =		
口 + 可 =		

加油！
要努力想喔！

- [ ] 全部答對，非常厲害喔！
- [ ] 答對三題，真的很不錯喔！
- [ ] 答對二題，可以更好喔！
- [ ] 一題以下，請多加油吧！

找「查」高手：基本題

日期：＿＿＿＿年＿＿＿＿月＿＿＿＿日

小朋友！現在讓我們一起來查字典，把每一個生字找出來。

生字	河	何	柯	呵
注音				
部首				
筆畫				
頁數				
造詞				

我的表現：	☆☆☆☆☆
（　　　）評分：	✡✡✡✡✡

請圈出得分

137

找ㄓㄠˇ「查ㄔㄚˊ」高ㄍㄠ手ㄕㄡˇ：挑ㄊㄧㄠˇ戰ㄓㄢˋ題ㄊㄧˊ

日ㄖˋ期ㄑㄧˊ：＿＿＿＿＿年ㄋㄧㄢˊ＿＿＿＿＿月ㄩㄝˋ＿＿＿＿＿日ㄖˋ

☺字ㄗˋ詞ㄘˊ聯ㄌㄧㄢˊ想ㄒㄧㄤˇ，寫ㄒㄧㄝˇ出ㄔㄨ詞ㄘˊ語ㄩˇ和ㄏㄜˊ造ㄗㄠˋ句ㄐㄩˋ。

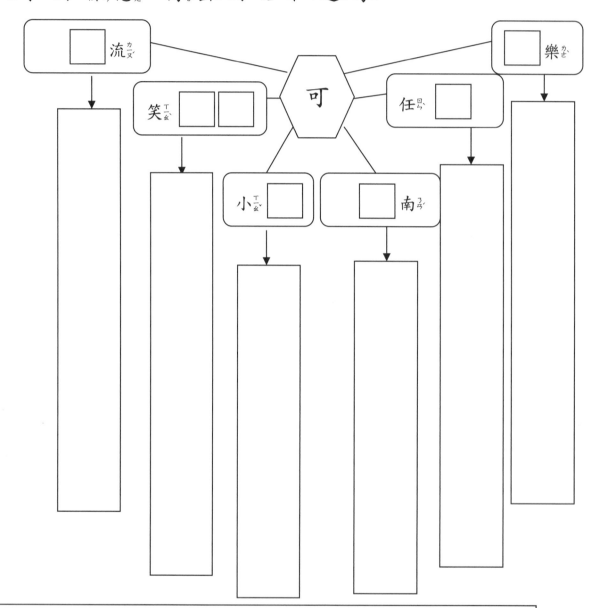

每ㄇㄟˇ題ㄊㄧˊ最ㄗㄨㄟˋ高ㄍㄠ 6 分ㄈㄣ，算ㄙㄨㄢˋ一ㄧˋ算ㄙㄨㄢˋ，你ㄋㄧˇ得ㄉㄜˊ了ㄌㄜˇ幾ㄐㄧˇ分ㄈㄣ？

☐ 1分ㄈㄣ：能ㄋㄥˊ正ㄓㄥˋ確ㄑㄩㄝˋ寫ㄒㄧㄝˇ出ㄔㄨ空ㄎㄨㄥˋ格ㄍㄜˊ內ㄋㄟˋ的ㄉㄜ國ㄍㄨㄛˊ字ㄗˋ，還ㄏㄞˊ不ㄅㄨˊ錯ㄘㄨㄛˋ！

☐ 2分ㄈㄣ：能ㄋㄥˊ運ㄩㄣˋ用ㄩㄥˋ詞ㄘˊ語ㄩˇ寫ㄒㄧㄝˇ出ㄔㄨ正ㄓㄥˋ確ㄑㄩㄝˋ的ㄉㄜ句ㄐㄩˋ子ㄗ，真ㄓㄣ厲ㄌㄧˋ害ㄏㄞˋ！

☐ 3分ㄈㄣ：能ㄋㄥˊ運ㄩㄣˋ用ㄩㄥˋ成ㄔㄥˊ語ㄩˇ或ㄏㄨㄛˋ諺ㄧㄢˋ語ㄩˇ寫ㄒㄧㄝˇ出ㄔㄨ正ㄓㄥˋ確ㄑㄩㄝˋ的ㄉㄜ句ㄐㄩˋ子ㄗ，很ㄏㄣˇ棒ㄅㄤˋ喔ㄛ！

集ㄐㄧˊ滿ㄇㄢˇ 18 分ㄈㄣ，我ㄨㄛˇ希ㄒㄧ望ㄨㄤˋ可ㄎㄜˇ以ㄧˇ：＿＿＿＿＿＿＿＿＿＿＿＿＿

愛現時間

小朋友！請在空格內寫出正確的生字。

* （　　　　　　）南是一位很聰明的小偵探。

* 任（　　　　）問題都難不倒爸爸。

* 這條小（　　　　）裡有好多小魚。

* 大家開心得（　　　　）（　　　　）大笑。

牛刀小試：改錯字，把錯誤的字圈起來，並在空格內寫出正確的字。

1.（　　）外婆家的附近有一條清澈的小何。

2.（　　）小嬰兒不論看到誰，都會笑喝喝。

3.（　　）科南很聰明，有問題找他幫忙，都可以解決。

4.（　　）口渴時，最想喝杯坷樂來解渴。

5.（　　）神燈巨人可以完成你任河的願望。

自ˋ由ˊ聯ˊ想ˇ

日ˋ期ˊ： _____年ˊ_____月ˋ_____日ˋ

看ㄎㄢˋ到ㄉㄠˋ下ㄒㄧㄚˋ面ㄇㄧㄢˋ的ㄉㄜ˙詞ㄘˊ語ㄩˇ和ㄏㄜˊ圖ㄊㄨˊ片ㄆㄧㄢˋ，你ㄋㄧˇ會ㄏㄨㄟˋ聯ㄌㄧㄢˊ想ㄒㄧㄤˇ到ㄉㄠˋ什ㄕㄣˊ麼ㄇㄜ˙呢ㄋㄜ˙？你ㄋㄧˇ可ㄎㄜˇ以ㄧˇ利ㄌㄧˋ用ㄩㄥˋ寫ㄒㄧㄝˇ字ㄗˋ、說ㄕㄨㄛ話ㄏㄨㄚˋ、剪ㄐㄧㄢˇ貼ㄊㄧㄝ或ㄏㄨㄛˋ畫ㄏㄨㄚˋ圖ㄊㄨˊ等ㄉㄥˇ方ㄈㄤ法ㄈㄚˇ，把ㄅㄚˇ所ㄙㄨㄛˇ有ㄧㄡˇ聯ㄌㄧㄢˊ想ㄒㄧㄤˇ到ㄉㄠˋ的ㄉㄜ˙內ㄋㄟˋ容ㄖㄨㄥˊ表ㄅㄧㄠˇ達ㄉㄚˊ出ㄔㄨ來ㄌㄞˊ，寫ㄒㄧㄝˇ在ㄗㄞˋ下ㄒㄧㄚˋ方ㄈㄤ的ㄉㄜ˙空ㄎㄨㄥ格ㄍㄜˊ中ㄓㄨㄥ，並ㄅㄧㄥˋ練ㄌㄧㄢˋ習ㄒㄧˊ造ㄗㄠˋ句ㄐㄩˋ。

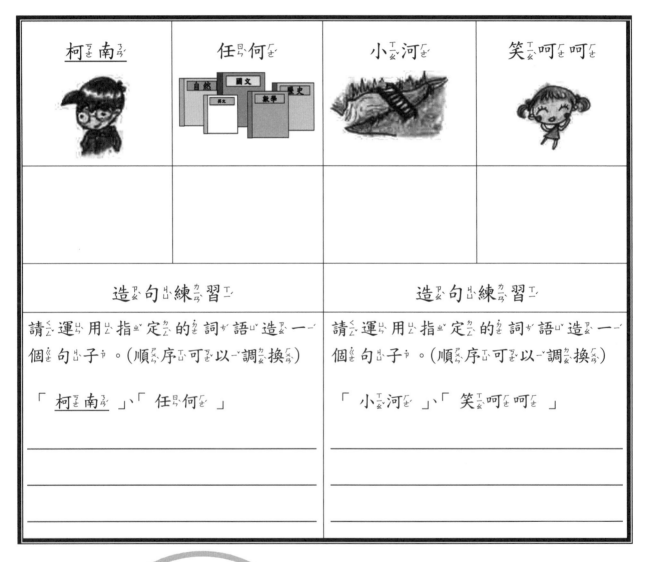

柯ㄎㄜ南ㄋㄢˊ	任ㄖㄣ何ㄏㄜˊ	小ㄒㄧㄠˇ河ㄏㄜˊ	笑ㄒㄧㄠˋ呵ㄏㄜ呵ㄏㄜ

造ㄗㄠˋ句ㄐㄩˋ練ㄌㄧㄢˋ習ㄒㄧˊ	造ㄗㄠˋ句ㄐㄩˋ練ㄌㄧㄢˋ習ㄒㄧˊ
請ㄑㄧㄥˇ運ㄩㄣˋ用ㄩㄥˋ指ㄓˇ定ㄉㄧㄥˋ的ㄉㄜ˙詞ㄘˊ語ㄩˇ造ㄗㄠˋ一ㄧˊ個ㄍㄜ˙句ㄐㄩˋ子ㄗ˙。(順ㄕㄨㄣˋ序ㄒㄩˋ可ㄎㄜˇ以ㄧˇ調ㄉㄧㄠˋ換ㄏㄨㄢˋ) 「柯ㄎㄜ南ㄋㄢˊ」、「任ㄖㄣ何ㄏㄜˊ」 _____ _____ _____	請ㄑㄧㄥˇ運ㄩㄣˋ用ㄩㄥˋ指ㄓˇ定ㄉㄧㄥˋ的ㄉㄜ˙詞ㄘˊ語ㄩˇ造ㄗㄠˋ一ㄧˊ個ㄍㄜ˙句ㄐㄩˋ子ㄗ˙。(順ㄕㄨㄣˋ序ㄒㄩˋ可ㄎㄜˇ以ㄧˇ調ㄉㄧㄠˋ換ㄏㄨㄢˋ) 「小ㄒㄧㄠˇ河ㄏㄜˊ」、「笑ㄒㄧㄠˋ呵ㄏㄜ呵ㄏㄜ」 _____ _____ _____

表ㄅㄧㄠˇ現ㄒㄧㄢˋ成ㄔㄥˊ果ㄍㄨㄛˇ：
□ 太ㄊㄞˋ棒ㄅㄤˋ了ㄌㄜ˙！
☑ 真ㄓㄣ不ㄅㄨˋ錯ㄘㄨㄛˋ！
☑ 再ㄗㄞˋ加ㄐㄧㄚ油ㄧㄡˊ！

造句練習

☺小朋友！請利用詞語練習造句。

柯南
_____
_____

任何
_____
_____

小河
_____
_____

笑呵呵
_____
_____

可愛
_____
_____

每題最高 10 分，算一算，你得了幾分？

☐ 1 分：能寫出正確的國字或注音，上課十分用心聽講！
☐ 2 分：能正確運用標點符號，知道寫作文的基本原則！
☐ 3 分：造句內容通順流暢，有成為小作家的基本條件！
☐ 4 分：造句內容能運用成語或諺語，課外常識很豐富！

集滿 30 分，我希望可以：_____

集ㄐㄧˊ中ㄓㄨㄥ識ㄕˋ字ㄗˋ

〔立ㄌㄧˋ〕

童詩花園

☺念一念，再把偏旁是「立」的字圈起來！

弟弟哭泣掉眼淚，
媽媽請他吃拉麵，
店裡客滿沒座位，
外帶一碗加粒蛋，
吃完垃圾丟光光，
弟弟高興笑開懷。

配對連連看

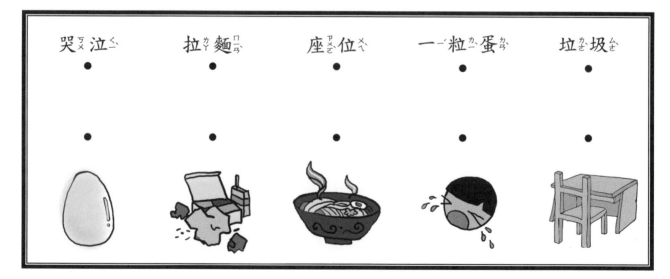

請細心觀察下面的圖畫，
連一連、念一念。

哭泣　　拉麵　　座位　　一粒蛋　　垃圾

144

文字ㄨㄣˊㄗˋ捉ㄓㄨㄛˊ迷ㄇㄧˊ藏ㄘㄤˊ

我ㄨㄛˇ們ㄇㄣ˙要ㄧㄠˋ來ㄌㄞˊ認ㄖㄣˋ識ㄕˋ偏ㄆㄧㄢ旁ㄆㄤˊ是ㄕˋ「立」的ㄉㄜ˙字ㄗˋ。請ㄑㄧㄥˇ把ㄅㄚˇ相ㄒㄧㄤ同ㄊㄨㄥˊ的ㄉㄜ˙部ㄅㄨˋ分ㄈㄣ塗ㄊㄨˊ上ㄕㄤˋ顏ㄧㄢˊ色ㄙㄜˋ，描ㄇㄧㄠˊ一一描ㄇㄧㄠˊ、念ㄋㄧㄢˋ一一念ㄋㄧㄢˋ，並ㄅㄧㄥˋ把ㄅㄚˇ每ㄇㄟˇ個ㄍㄜˋ字ㄗˋ的ㄉㄜ˙「部ㄅㄨˋ首ㄕㄡˇ」圈ㄑㄩㄢ起ㄑㄧˇ來ㄌㄞˊ。

這ㄓㄜˋ些ㄒㄧㄝ生ㄕㄥ字ㄗˋ相ㄒㄧㄤ同ㄊㄨㄥˊ的ㄉㄜ˙部ㄅㄨˋ分ㄈㄣ是ㄕˋ_____

我ㄨㄛˇ 的ㄉㄜ˙ 表ㄅㄧㄠˇ 現ㄒㄧㄢˋ：	☼☼☼☼☼
（　　　　　）評ㄆㄧㄥˊ分ㄈㄣ：	✡✡✡✡✡

請ㄑㄧㄥˇ圈ㄑㄩㄢ出ㄔㄨ得ㄉㄜˊ分ㄈㄣ

文字組合

日期： ＿＿＿＿年＿＿＿＿月＿＿＿＿日

下面左邊中的字，是我們學過的部首，把他們放在「立」的旁邊，會組合成另一個新字喔！請練習寫出完整的國字和注音。

	國字	注音
扌 ＋ 立 ＝		
氵 ＋ 立 ＝		
亻 ＋ 立 ＝		
土 ＋ 立 ＝		
米 ＋ 立 ＝		

加油！
要努力想喔！

- [ ] 全部答對，非常厲害喔！
- [ ] 答對四題，真的很不錯！
- [ ] 答對三題，可以更好喔！
- [ ] 二題以下，請多加油吧！

146

找「查」高手：基本題

小朋友！現在讓我們一起來查字典，把每一個生字找出來。

生字	拉	泣	位	垃	粒
注音					
部首					
筆畫					
頁數					
造詞					

我的表現：	✦ ✦ ✦ ✦ ✦
（　　　　　）評分：	✡ ✡ ✡ ✡ ✡

請圈出得分

找ㄓㄠˇ「查ㄔㄚˊ」高ㄍㄠ手ㄕㄡˇ：挑ㄊㄧㄠˇ戰ㄓㄢˋ題ㄊㄧˊ

日ㄖˋ期ㄑㄧˊ：_____年ㄋㄧㄢˊ_____月ㄩㄝˋ_____日ㄖˋ

☺字ㄗˋ詞ㄘˊ聯ㄌㄧㄢˊ想ㄒㄧㄤˇ，寫ㄒㄧㄝˇ出ㄔㄨ詞ㄘˊ語ㄩˇ和ㄏㄜˊ造ㄗㄠˋ句ㄐㄩˋ。

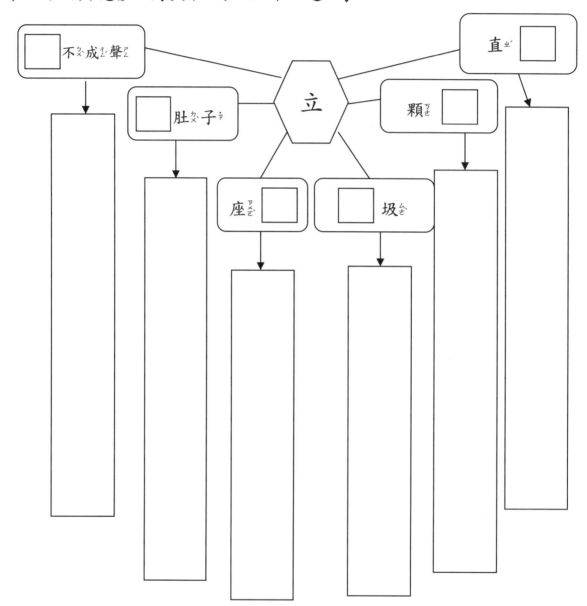

□不ㄅㄨˋ成ㄔㄥˊ聲ㄕㄥ

直ㄓˊ□

□肚ㄉㄨˋ子ㄗ

立

顆ㄎㄜ□

座ㄗㄨㄛˋ□

□圾ㄙㄜˋ

每ㄇㄟˇ題ㄊㄧˊ最ㄗㄨㄟˋ高ㄍㄠ 6 分ㄈㄣ，算ㄙㄨㄢˋ一一算ㄙㄨㄢˋ，你ㄋㄧˇ得ㄉㄜ了ㄌㄜ幾ㄐㄧˇ分ㄈㄣ？

□ 1 分ㄈㄣ：能ㄋㄥˊ正ㄓㄥˋ確ㄑㄩㄝˋ寫ㄒㄧㄝˇ出ㄔㄨ空ㄎㄨㄥˋ格ㄍㄜˊ內ㄋㄟˋ的ㄉㄜ國ㄍㄨㄛˊ字ㄗˋ，還ㄏㄞˊ不ㄅㄨˋ錯ㄘㄨㄛˋ！

□ 2 分ㄈㄣ：能ㄋㄥˊ運ㄩㄣˋ用ㄩㄥˋ詞ㄘˊ語ㄩˇ寫ㄒㄧㄝˇ出ㄔㄨ正ㄓㄥˋ確ㄑㄩㄝˋ的ㄉㄜ句ㄐㄩˋ子ㄗ，真ㄓㄣ厲ㄌㄧˋ害ㄏㄞˋ！

□ 3 分ㄈㄣ：能ㄋㄥˊ運ㄩㄣˋ用ㄩㄥˋ成ㄔㄥˊ語ㄩˇ或ㄏㄨㄛˋ諺ㄧㄢˋ語ㄩˇ寫ㄒㄧㄝˇ出ㄔㄨ正ㄓㄥˋ確ㄑㄩㄝˋ的ㄉㄜ句ㄐㄩˋ子ㄗ，很ㄏㄣˇ棒ㄅㄤˋ喔ㄛ！

集ㄐㄧˊ滿ㄇㄢˇ 18 分ㄈㄣ，我ㄨㄛˇ希ㄒㄧ望ㄨㄤˋ可ㄎㄜˇ以ㄧˇ：_____

愛現時間

小朋友！請在空格內寫出正確的生字。

＊我最喜歡媽媽帶我到巷口麵店去吃（　　　）麵。

＊昨天半夜一直聽到小貓咪哭（　　　）的聲音，有點可怕。

＊演唱會的門票，最前排的座（　　　）要 5000 元。

＊為了保護地球的環境，我們一定要確實做好（　　　）圾分類。

＊這是一杯含有許多果肉顆（　　　）的蜂蜜檸檬汁。

牛刀小試：改錯字，把錯誤的字圈起來，並在空格內寫出正確的字。

1. （　　）一個微笑可以菈進人與人之間的距離。

2. （　　）聽到父親出車禍的消息，母親氣不成聲。

3. （　　）隨意亂丟拉圾是沒有公德心的行為。

4. （　　）上課鐘聲一響，同學們馬上回到自己的座味坐好。

5. （　　）看到一立立結實飽滿的稻穀，今年一定會大豐收。

149

自ˋ由ˊ聯ˊ想ˇ

看ㄎㄢˋ到ㄉㄠˋ下ㄒㄧㄚˋ面ㄇㄧㄢˋ的ㄉㄜ˙詞ˊ語ˇ和ㄏㄜˊ圖ㄊㄨˊ片ㄆㄧㄢˋ，你ㄋㄧˇ會ㄏㄨㄟˋ聯ㄌㄧㄢˊ想ㄒㄧㄤˇ到ㄉㄠˋ什ㄕㄣˊ麼ㄇㄜ˙呢ㄋㄜ˙？你ㄋㄧˇ可ㄎㄜˇ以ˇ利ㄌㄧˋ用ㄩㄥˋ寫ㄒㄧㄝˇ字ˋ、說ㄕㄨㄛ話ㄏㄨㄚˋ、剪ㄐㄧㄢˇ貼ㄊㄧㄝ或ㄏㄨㄛˋ畫ㄏㄨㄚˋ圖ㄊㄨˊ等ㄉㄥˇ方ㄈㄤ法ˇ，把ㄅㄚˇ所ㄙㄨㄛˇ有ㄧㄡˇ聯ㄌㄧㄢˊ想ㄒㄧㄤˇ到ㄉㄠˋ的ㄉㄜ˙內ㄋㄟˋ容ㄖㄨㄥˊ表ㄅㄧㄠˇ達ˊ出ㄔㄨ來ㄌㄞˊ，寫ㄒㄧㄝˇ在ㄗㄞˋ下ㄒㄧㄚˋ方ㄈㄤ的ㄉㄜ˙空ㄎㄨㄥˋ格ㄍㄜˊ中ㄓㄨㄥ，並ㄅㄧㄥˋ練ㄌㄧㄢˋ習ㄒㄧˊ造ㄗㄠˋ句ㄐㄩˋ。

哭ㄎㄨ泣ㄑㄧˋ	拉ㄌㄚ麵ㄇㄧㄢˋ	垃ㄌㄜˋ圾ㄙㄜˋ	座ㄗㄨㄛˋ位ㄨㄟˋ
造ㄗㄠˋ句ㄐㄩˋ練ㄌㄧㄢˋ習ㄒㄧˊ		造ㄗㄠˋ句ㄐㄩˋ練ㄌㄧㄢˋ習ㄒㄧˊ	
請ㄑㄧㄥˇ運ㄩㄣˋ用ㄩㄥˋ指ㄓˇ定ㄉㄧㄥˋ的ㄉㄜ˙詞ˊ語ˇ造ㄗㄠˋ一個ㄍㄜˋ句ㄐㄩˋ子˙。(順ㄕㄨㄣˋ序ㄒㄩˋ可ㄎㄜˇ以ˇ調ㄉㄧㄠˋ換ㄏㄨㄢˋ) 「哭ㄎㄨ泣ㄑㄧˋ」、「拉ㄌㄚ麵ㄇㄧㄢˋ」 ＿＿＿＿＿ ＿＿＿＿＿ ＿＿＿＿＿		請ㄑㄧㄥˇ運ㄩㄣˋ用ㄩㄥˋ指ㄓˇ定ㄉㄧㄥˋ的ㄉㄜ˙詞ˊ語ˇ造ㄗㄠˋ一個ㄍㄜˋ句ㄐㄩˋ子˙。(順ㄕㄨㄣˋ序ㄒㄩˋ可ㄎㄜˇ以ˇ調ㄉㄧㄠˋ換ㄏㄨㄢˋ) 「垃ㄌㄜˋ圾ㄙㄜˋ」、「座ㄗㄨㄛˋ位ㄨㄟˋ」 ＿＿＿＿＿ ＿＿＿＿＿ ＿＿＿＿＿	

表ㄅㄧㄠˇ現ㄒㄧㄢˋ成ㄔㄥˊ果ㄍㄨㄛˇ：
☐ 太ㄊㄞˋ棒ㄅㄤˋ了ㄌㄜ˙！
☐ 真ㄓㄣ不ㄅㄨˊ錯ㄘㄨㄛˋ！
☐ 再ㄗㄞˋ加ㄐㄧㄚ油ㄧㄡˊ！

造句練習

☺小朋友！請利用詞語練習造句。

拉麵：
_____

_____

哭泣：
_____

_____

座位：
_____

_____

垃圾：
_____

_____

一粒蛋：
_____

_____

每題最高 10 分，算一算，你得了幾分？

☐ 1 分：能寫出正確的國字或注音，上課十分用心聽講！

☐ 2 分：能正確運用標點符號，知道寫作文的基本原則！

☐ 3 分：造句內容通順流暢，有成為小作家的基本條件！

☐ 4 分：造句內容能運用成語或諺語，課外常識很豐富！

集滿 30 分，我希望可以：_____

Note

Note

國家圖書館出版品預行編目（CIP）資料

識字 High 客：我的識字寫字遊戲書
／孟瑛如、張淑蘋、鍾曉芬、陳虹君 著.
--初版.-- 臺北市：心理, 2014.11
面； 公分.--（桌上遊戲系列；72007）
ISBN 978-986-191-631-6（平裝）

1. 識字教育 2. 教學活動設計

528.42 103022497

桌上遊戲系列 72007

識字 High 客：我的識字寫字遊戲書

作 者：孟瑛如、張淑蘋、鍾曉芬、陳虹君

總 編 輯：林敬堯

發 行 人：洪有義

出 版 者：心理出版社股份有限公司

地 址：231026 新北市新店區光明街 288 號 7 樓

電 話：(02) 29150566

傳 真：(02) 29152928

郵撥帳號：19293172 心理出版社股份有限公司

網 址：https://www.psy.com.tw

電子信箱：psychoco@ms15.hinet.net

排 版 者：辰皓國際出版製作有限公司

印 刷 者：辰皓國際出版製作有限公司

初版一刷：2014 年 11 月

初版五刷：2022 年 9 月

I S B N：978-986-191-631-6

定 價：新台幣 200 元（含光碟）